markus holzer

Pasta on the rocks

geheimnisse des **mountain dining**

Spannende Geschichten über Pasta, Köche und Südtirol

markus holzer

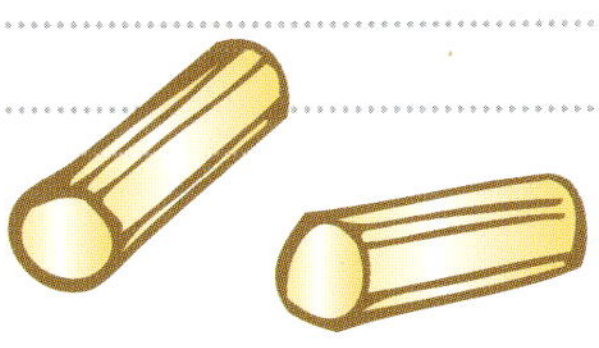

vorwort

Auf Zehenspitzen und unermüdlich schlich Markus Holzer einst durch die Kombüse des St. Hubertus.

Der zurückhaltende, aber äußerst engagierte Jungkoch stach selten akustisch heraus, dafür war er optisch nicht zu übersehen. Seine Beine waren nämlich immer von einer farbenfrohen Schürze (an der man das gesamte Menü herunterlesen konnte) geziert.

Doch wer uns Südtiroler kennt, weiß, dass wir schmissige Arbeiter sind und nur sprechen, wenn wir gefragt werden. Wenn Markus mir Rede und Antwort stellen sollte, tat er dies gewandt, begabt und in bester Manier, obgleich er sein schelmisches Zahnpastalächeln dabei nie wirklich verbergen konnte.

Weil stille Wasser nicht nur sprichwörtlich tief gründen, hat er, nach etlichen Stages, sich und seiner bunten Schürze einen Ruck gegeben und sein eigenes Refugium gegründet. Ein Restaurant, dessen Lage bilderbuchartig daherkommt, wie seine selbstgemachte Pasta, kaleidoskopisch durch und durch.

Ja! Begabte Spitzbuben braucht diese Welt.

Dank Markus' Restaurant Jora und diesem nudeligen Schmöker rockt der Haunold nun richtig...

Norbert Niederkofler
Koch - St. Hubertus Rosa Alpina

Ja! Begabte
Spitzbuben braucht
diese Welt.

Norbert Niederkofler

herzlichen **dank**

Man kann nie dankbar genug sein. Wenn ein Werk wie dieses Buch entsteht, sind viele Kräfte daran beteiligt, sei es direkt oder indirekt. Ich möchte die Menschen aufzählen, die mir spontan einfallen und hoffe, dass ich dabei niemanden vergesse.

Einmal möchte ich meinen Eltern danken, ohne die es schon aus rein biologischen Gründen nicht zu diesem Werk hätte kommen können. Doch sie haben auch unseren Betrieb aufgebaut und mir die Fäden in der Küche übertragen, obwohl ich eigentlich noch nicht recht wollte. Nun bin ich froh, dass ich damals ins kalte Wasser geschmissen wurde.

Zu danken habe ich auch all meinen ehemaligen Mitarbeitern, Küchenchefs, Lehrlinge, Kellner, Baristen und allen anderen. Sie haben mich zu vielen der Kapitel und Gerichte inspiriert, ich habe mein Wissen größtenteils durch sie erworben. Insbesondere muss ich meinem Mitarbeiter Nicola Scardigno danken, der mir bei der Zusammenstellung und Produktion der Gerichte eine sehr große Hilfe war. Nicht nur das, einige der Teller stammen sogar ganz von ihm.

Ein großes Dankeschön den Bauern, die sich Zeit genommen haben fürs Fotoshooting. Sie liefern mir für meine Küche stets die besten Zutaten. Ohne die guten Grundprodukte wären die besten Kreationen nur halb so viel wert.

Vielen Dank auch all meinen treuen Gästen, die immer wieder ins Restaurant kommen, sich von mir und meinem Team bekochen lassen. Sie nehmen neue Kreationen dankbar an und es sind genau die vielen positiven Rückmeldungen, die die Leidenschaft in der Küche wieder aufs Neue anfachen. Aber auch das negative Feedback braucht es, dafür möchte ich denen danken, die ehrlich genug sind. Wenngleich es niemand gerne hört, doch man lernt nur, wenn man sich ständig verbessert.

Danke meinem Coach Ernst Crameri, ohne den ich wohl noch für einige Jahre nur darüber reden würde, dass ich mal gerne ein Buch schreiben möchte. Jetzt ist es „im Kasten". Außerdem habe ich es ihm zu verdanken, dass ich endlich aufgewacht bin und (nicht nur in der Küche) das umsetze, was ich kann und gerne mache.

Den Teilnehmern am Buchseminar bei Ernst Crameri danke ich auch herzlich. An diesen zwei Tagen ist das Rad ins Rollen gekommen und ich war schon mitten im Buch schreiben. Insbesondere danke ich Hans-Peter, dessen Tipps mir die richtigen Denkanstöße gegeben haben, wie mein erstes Buch aussehen soll.
Ein großes Dankeschön dem Fotografen Armin Huber, den ich oft warten lassen habe und der meine Teller „ins rechte Licht gerückt" hat. Die Resultate könnt ihr selber sehen.
Vielen Dank den Lektoren, den Übersetzern, den Grafikern und der Druckerei, die alle viel Geduld aufbrachten.
Und natürlich vielen Dank euch Lesern, die ihr mir das Vertrauen geschenkt und dieses Buch käuflich erworben habt. Ich freue mich auf die gemeinsame Reise.
Zum Schluss möchte ich noch den zwei wichtigsten Personen in meinem Leben danken. Meinem Sohn Simon, dass er oft aufs Spielen verzichtet hat, weil sein Vater beim Schreiben war. Vor allem meiner Frau Johanna danke ich sehr, dass sie mich immer wieder bestärkt hat, weiter zu machen, mich gelobt, aufgebaut und unterstützt hat. Sie ist die großartigste Frau, die ich mir nur wünschen kann und sie steht bei (fast) allem, was ich tue, stets hinter mir.

Markus Holzer

Vorausgeschickt

Es braucht eine starke Motivation, um ein Buch zu schreiben. Seitdem ich das erste Mal bei einem Buch mitwirken durfte, dachte ich mir immer „So etwas möchte ich auch irgendwann machen!“ Irgendwie blieb es dann für Jahre beim „möchte“ und beim „irgendwann mal“, wie so oft. Doch ein guter Freund öffnete mir die Augen. Er sagte zu mir sinngemäß „Worauf wartest du?“ Ich wartete darauf, dass ich Zeit dafür hätte, ein Buch zu schreiben. Hat man diese Zeit jemals? Wahrscheinlich niemals, wenn man darauf wartet. Der richtige Zeitpunkt war also schlicht und einfach JETZT, er war schon gekommen.

Das Bild wurde schnell klar. Ich wusste genau, dass ich für mich nicht den Anspruch hatte, ein „klassisches“ Kochbuch zu schreiben. Das war mir zu langweilig. Enzyklopädien verfassen, das überlasse ich lieber anderen, die sich die Zeit für gründliche Recherchen nehmen wollen. Mir schwebte von Beginn an vor, das Buch eher wie einen Kochkurs zu gestalten. Dort erzähle ich immer von meinen beruflichen Erlebnissen, wer mir was beigebracht hat und so ganz nebenbei, werden auch ein paar Gerichte gekocht. Es geht also nicht einfach um schlichtes Kochen, sondern der sogenannte Spaßfaktor muss auch groß sein.

Als stolzer Südtiroler aus dem Pustertal war mir sofort klar, dass ich im Buch auch meine Heimat präsentieren wollte. Nicht nur in Bildform, nein, ich wollte auch einen kritischen Blick auf mich und meine Landsleute werfen. Die Blicke sind nicht immer ganz ernsthaft zu nehmen, viele Klischees werden behandelt. Doch wir wissen alle, dass in jedem Klischee auch ein Körnchen Wahrheit steckt. Ich lebe in einem wunderbaren Land, in einer privilegierten Lage und inmitten wunderschöner Berge. Das sollte man doch zu schätzen wissen und sich erkenntlich dafür zeigen.

In meinem ersten Buch wollte ich mich vor allem der Pasta widmen, und zwar schlicht und einfach, weil ich sie für mein Leben gerne esse. Wenn ein Gast zu mir kommt, werde ich oft nach dem einen oder anderen Rezept gefragt – vor allem bei der Pasta. Zumeist fügt der Fragende noch den Kommentar an „Das wirst du wohl nicht verraten, ist sicher dein Geheimnis ...“ Nun, wem nützt ein Geheimnis, wenn es nicht weitergegeben wird? Was mache ich mit meinem Wissen, wenn es mir mal die Sprache verschlägt? Geheimnisse gehören gelüftet. Irgendwer hat sie doch schließlich auch mir verraten, oder glaubt ihr, ich bin von alleine auf alles gekommen? Auch darüber geht es in diesem Buch. Ich hatte ausgezeichnete Lehrmeister, die mir ihre Techniken beigebracht haben. Hätten sie ihre „Geheimnisse“ nicht gelüftet, würde ich Pasta vielleicht roh verspeisen. Und wir alle würden immer noch auf den Bäumen leben.

Auch die Entwicklungsgeschichte vieler Rezepte ist sehr bewegt und nicht immer ganz reibungslos. Mal kommt einem die Idee beim Durchblättern eines Buches, mal beim Gemüse ernten, dann bringt mich ein Gast auf eine neue Idee oder ein Gericht entsteht aus einer Resteverwertung heraus (Ja, auch das gibt es!). Ein Gericht sollte auch nie als etwas Starres angesehen werden, sondern ständig in Bewegung bleiben. Viele der hier vorgestellten Gerichte präsentiere ich in meinem Restaurant „Jora Mountain Dining“ mittlerweile wieder anders. Also wundert euch bitte nicht, wenn ihr dort meine Gäste seid. Und wenn euch vorkommt, dass bei einem Rezept aus diesem Buch noch irgendwas dazugehört, dann lasst euch gehen und versteift euch nicht auf die Vorgaben! Ein Buch soll vor allem inspirierend wirken.

Liebe Leserinnen und Leser, die Geschichten sollen euch natürlich nicht vom Kochen abhalten, sondern euch Lust darauf machen. Es gibt sicherlich massenhaft gute Literatur über Pasta, aber immer mit viel „trockenem“ Wissen und wenig Unterhaltungswert. Diesen hoffe ich euch hiermit bieten zu können und möchte mich bei euch für euer Vertrauen bedanken. Ich wünsche euch viel Freude an diesem Buch, sehr viel Spaß und natürlich gutes Gelingen.

nützliche tipps und hinweise
zur anwendung der rezepte

Zuallererst ein wichtiger Hinweis: Natürlich sind die Angaben, die ihr in diesem Buch findet, keine Gesetze! Wenn ihr etwas anders machen wollt, dann bitte gerne. Ich will euch lediglich weiterhelfen und so viel wie möglich meines Wissens weitergeben. Ich habe, beim Zusammenstellen dieses Werkes, auch selbst noch einiges dazugelernt. Somit bin ich für Verbesserungsvorschläge immer offen.

Alle Rezepte sind für 4 Personen berechnet, mit Ausnahme jener, wo die Personenzahl angegeben ist. Die Mengenangaben sind normalerweise für ein Hauptgericht gerechnet.

Pasta wird in kochendem, gesalzenem Wasser bissfest gekocht. Ich werde nicht jedes Mal darauf hinweisen, aber sehr häufig.

Übrige rohe Pasta oder Ravioli können bedenkenlos tiefgekühlt werden, solange sie frisch sind. Dafür breitet man sie auf einem Brett mit Backpapier aus, sodass sich die einzelnen Ravioli nicht berühren. Bandnudeln friert man portionsweise in „Häufchen" ein.

Die Anzahl der Sterne gibt an, wie groß der Aufwand für das Rezept ist. Zeitangaben habe ich bewusst keine gemacht, da wir nicht alle gleich schnell sind. Ich bin besonders langsam.

Bei den verschiedenen **Mehlsorten** sind keine Typen-Nummern angegeben, da ich hauptsächlich Mehl aus der Steinmühle verwende. Dort lässt sich die Feinheit des Mehls nie genau regulieren, weshalb man auch keine Typisierung machen kann.

Alle **Nudeln** in diesem Buch wurden **selber gemacht**. Die Rezepte wurden nach bestem Wissen und Gewissen durchprobiert, ich kann euch aber natürlich keine Garantie fürs Gelingen geben.

Zur **Teigzubereitung** (mit Ausnahme des Teiges für „Pasta estrusa“): Enthält ein Teig nur Eier als flüssigen Bestandteil, so kann man ihn direkt auf der Arbeitsfläche kneten. Ansonsten empfiehlt es sich, ihn erst in einer Schüssel zu verkneten und dann auf dem Tisch weiter zu verarbeiten. Ideal ist eine Maschine mit Knethaken, dort wird der Teig immer schön glatt. Bitte aber kein Handrührgerät verwenden! Anschließend lässt man jeden Teig nach der Zubereitung ca. 20 Minuten in Klarsichtfolie eingewickelt ruhen, damit er eine schöne Konsistenz erhält.

Alle Teige sind ungefähr nach den gleichen Grundrezepten zusammengesetzt. Es variiert, je nach Pasta, die Konsistenz des Teiges bzw. das Verhältnis Mehl zu Flüssigkeit (Wasser, Eier, Milch ...). Hier eine kurze Übersicht:

TEIG	KONSISTENZ	VERHÄLTNIS MEHL ZU FLÜSSIGKEIT
Ravioli	glatt, fest	1:0,46
Bandnudeln	glatt, fest	1:0,45
Geformte Pasta (Cavatelli, Strigoli, ...)	glatt, weich	1:0,48
Pasta estrusa	krümelig	1:0,35

Auf 1.000 g Mehl kommt 460 g Flüssigkeit

Zum **Ausrollen** der Nudeln verwende ich eine elektrisch betriebene Nudelmaschine. Diese hat den Vorteil, dass man beide Hände für den Teig frei hat.

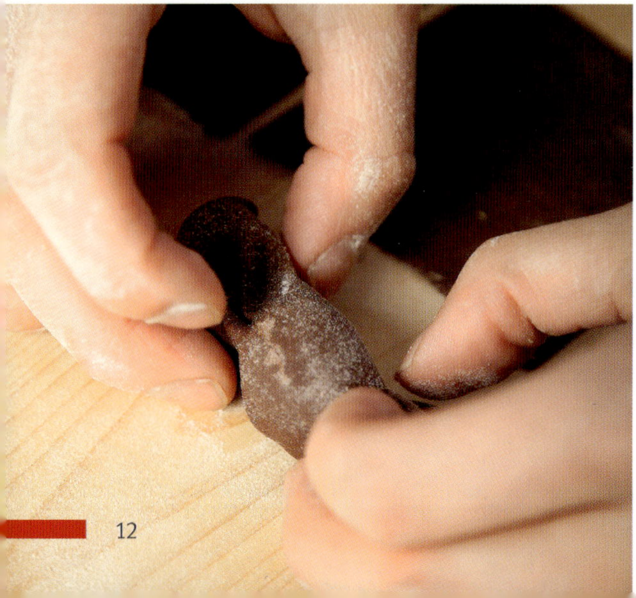

Beim **Ausrollen** schneidet man den Teig zunächst in Scheiben, um die Maschine zu schonen. Dann lässt man ihn zuerst auf der dicksten Stufe durch die Maschine, faltet ihn einmal und lässt ihn wieder durch. Damit er nicht klebt, bemehlt man ihn leicht. Dies wiederholt ihr mehrmals, bis ein glatter Rand entsteht. Anschließend stellt ihr die Stufen immer dünner ein, bis die richtige Dicke erreicht ist.

Um **Pastatypen** zu machen, die durch eine **Matritze** gepresst werden (pasta estrusa), wie Spaghetti, Maccheroni, Fusilli oder Bucatini, braucht es eine eigene Maschine. Wer so eine nicht besitzt, kann natürlich auch gekaufte Spaghetti verwenden ...

Für **„pasta estrusa“** macht man keinen Teigballen, sondern einen krümeligen Teig. Die Krümel haben in etwa die Größe eines Fingernagels.

Will man den Teig zu **Bandnudeln** verarbeiten, so hat eine Nudelmaschine normalerweise einen entsprechenden Aufsatz. Ist dem nicht so, dann schneidet man die ausgerollten Teigstreifen auf die gewünschte Länge zu. Man bestäubt diese mit Mehl, rollt sie locker ein und schneidet sie einfach mit einem Messer auf die gewünschte Breite.

Für **Ravioli** rollt man zwei gleich lange Teigstreifen aus und gibt kleine Häufchen der ausgekühlten Fülle mittels eines Spritzbeutels in zwei Reihen auf den Teig. Man befeuchtet ihn mit Wasser (praktisch ist eine Pflanzenspritze) und legt den anderen Streifen darüber. Schön andrücken, sodass keine Luft im Teig eingeschlossen bleibt und Ravioli ausstechen oder ausschneiden. Die Teigreste mischt man immer wieder zum frischen Teig und lässt ihn erneut durch die Maschine.

Bei **gefalteten Ravioli** (Schlutzkrapfen, Tortelloni) rollt man nur einen Teigstreifen aus und gibt die Füllung wie oben beschrieben darauf. Dann faltet man den Teig über die Füllung zu Mitte hin, drückt ebenfalls an und sticht aus.

Für **Lasagneblätter** rollen wir den Teig mit der Nudelmaschine nicht zu dünn aus und schneiden ihn für die Auflaufform passend zurecht. Da der Teig beim Kochen etwas aufgeht, kleiner als die Form zurechtschneiden. Wir kochen die Blätter kurz in Salzwasser (ziemlich bissfest) und breiten sie auf einem geölten Blech aus. Legt man die gekochten Blätter übereinander, so sollte man etwas Öl oder Klarsichtfolie dazwischen geben. Diese kann man dann auch einfrieren.

Um **Kartoffeln für Kartoffelteig** vorzubereiten, verwendet man stärkehaltige (mehlige) Kartoffeln. Auch violette Kartoffeln sind geeignet. Man wäscht sie gründlich und gart sie bei 180°C im Backrohr für 45–60 Minuten. Sobald man diese mit einem Spieß mühelos durchstechen kann, schälen und durch die Kartoffelpresse drücken. Wer sie dennoch im Wasser kocht, bitte unbedingt mit der Schale!

Unter **Olivenöl** verstehe ich ausschließlich „extra vergine", also ausschließlich durch mechanische Vorgänge gewonnenes Olivenöl. Der Ausdruck „kaltgepresst" ist eigentlich nur ein Marketing-Gag, da sich das Öl beim Pressen immer auf etwa 30°C erwärmt. Aber darunter sollte man dasselbe verstehen, dass das Öl also nicht noch weiter erwärmt wird, um noch mehr rauszuschinden.

Mit **Samenöl** hingegen, meine ich am Besten ein gutes Sonnenblumenöl, welches ziemlich hitzebeständig ist. Ich verwende es eigentlich nur zum Fleisch anbraten.

Fleischsuppe oder Gemüsebrühe verwende ich fast für jedes Rezept. Ihr könnt sie zumeist auch durch Pastakochwasser ersetzen. Doch es zahlt sich aus, sich etwas davon vorzumachen und portionsweise einzufrieren.

grundrezepte

Béchamelsauce

750 ml Milch
45 g Mehl
50 g Butter
Salz, Pfeffer, Muskatnuss,
1 Lorbeerblatt

Consommé (Fleischsuppe)

300 g Rinds-Schulter
100 g Wurzelgemüse
(Karotte, Sellerie, Lauch),
gewaschen
1 Zwiebel
10 schwarze Pfefferkörner
3 Eiweiß
Lorbeer
Thymian
Liebstöckl
Salz

Gemüsebrühe

1 Zwiebel
500 g gemischtes
Gemüse (Karotten,
Zucchini, Sellerie, Lauch,
Blumenkohlstiele)
10 weiße Pfefferkörner
Lorbeer, Thymian,
Liebstöckl, Basilikum
Salz

ZUBEREITUNG

Die Milch kochen wir mit den Gewürzen auf. Die Butter lassen wir in einem kleinen Topf flüssig werden und rühren das Mehl ein. Diese Masse lassen wir auskühlen, rühren sie in die kochende Milch ein und lassen die Sauce unter ständigem Rühren noch kurz kochen.

Fleisch und Gemüse lassen wir durch die grobe Scheibe des Fleischwolfes, vermischen alles mit dem Eiweiß und den Gewürzen. Die Zwiebel halbieren wir und braten diese in einer Pfanne langsam auf der Schnittfläche an. Wir geben alles in einen großen Topf und gießen mit Eiswürfeln und kaltem Wasser auf. Dann kochen wir die Brühe langsam auf, salzen sie und lassen diese für etwa 2 Stunden weiterköcheln. Zu Beginn ein paarmal umrühren, damit das Klärfleisch nicht am Topfboden ansitzt. Den sich bildenden „Klärkuchen" vorsichtig entfernen und die Brühe durch ein Tuch abseihen.

Die Zwiebel halbieren wir und braten sie in einer Pfanne langsam auf der Schnittfläche an. Wir geben alle Zutaten in einen großen Topf und gießen mit Eiswürfeln und kaltem Wasser auf. Dann lassen wir sie aufkochen und für etwa 20–25 Minuten leicht köcheln. Anschließend durch ein Tuch abseihen.

Kalbsjus

400 g Kalbsknochen, vom Metzger walnussgroß geschnitten
2–3 EL Samenöl
100 g Kalbsparüren (sehnige Abschnitte)
150 g Wurzelgemüse (Zwiebeln, Karotten, Sellerie, Lauch)
30 g Tomatenmark
150 ml Weißwein
Thymian, Lorbeer, Salbei, Knoblauch
Stärkemehl, in kaltem Wasser aufgelöst
Salz

ZUBEREITUNG

Die Knochen auf einem Blech für etwa 30 Minuten, bei 200°C im Backrohr anrösten. Die Kalbsparüren mit dem gewürfelten Gemüse in einem Topf anbraten, bis ein Satz am Boden entsteht. Von der Flamme herunter ziehen, das Tomatenmark kurz mitrösten, dann wieder auf den Herd stellen und mit dem Wein ablöschen. Diesen reduzieren lassen, dann die Knochen dazugeben und alles mit kaltem Wasser bedecken. Aufkochen lassen und für 2 Stunden kochen. Bei Bedarf etwas Wasser nachgießen. Dann entfernen wir den Schaum, der sich absetzt, geben die Kräuter dazu und lassen alles für eine weitere Stunde kochen. Jetzt seihen wir alles durch ein feines Sieb, würzen mit Salz und Pfeffer. Wir binden die Sauce mit etwas Stärke.

1. aller anfang ist schwer!

Wie der Titel schon sagt, ich war nicht immer ein guter Koch, würde sogar behaupten, ich war besonders untalentiert. Jedenfalls empfand ich es selber stets so. Rührte ich als Kind zuhause den Milchreis um, brannte er trotzdem an. In der Hütte, die meine Eltern gepachtet hatten, war ich Tellerkosmetiker und begann dann langsam, den Köchen mit zu helfen. Die Kekse, die ich ins Backrohr schob, waren meistens schon in Sterzing (von Südtirol aus gesehen, kurz vor dem „Brenner“) – am Verbrennen also. Meine Kuchen glichen einem Vulkankrater – in der Mitte ein tiefes Loch und schwarz. Ich schaffte es immer, viel zu viel Salate vorzubereiten, die dann schon beinahe von alleine den Weg in die Tonne fanden.

Meine ersten Gehversuche beim „Strauben“ backen (eine Süßspeise aus meiner Heimat) – katastrofürchterlich. Dazu eine kurze Erklärung: Eine Straube (oder ein Strauben) wird zubereitet, indem man eine Art Pfannkuchenteig durch einen Trichter ins heiße Backfett rinnen lässt. Dabei entstehen recht abenteuerliche Formen. Bei mir waren sie meistens besonders abenteuerlich. Entweder ich vergaß, das Gebäck umzudrehen, dann gab es die Yin & Yang-Straube – auf einer Seite schwarz, auf der anderen weiß. Oder der Teig war zu flüssig und das Ding zerfiel in tausend Bestandteile. Manchmal war er zu dickflüssig und ich musste ihn durch den Trichter „locken“. Am häufigsten aber vergaß ich, dass ich die Flamme unter dem Backfett eingeschaltet hatte. Wenn von den Köchen der Kommentar kam „Welche Straße möchtest du heute teeren?“ dann wusste ich, dass es in meinem Fetttöpfchen heiß her ging und das Frittieröl wieder einmal kohlschwarz war.

Abgesehen davon, hatte ich noch ein paar weitere Eigenschaften, die nicht unbedingt für eine Karriere als Koch sprachen. Ich war vor allem langsam. Ich ging langsam, ich dachte langsam, ich „checkte“ langsam, ich kochte langsam, ich aß langsam ... das einzige was schnell ging, ich wurde schnell müde. Natürlich durfte ich mir deswegen viel von meinen Kollegen anhören. An einem Ort hieß es „Würdest du bitte mal den ersten Gang rein machen? Du läufst ja auf Stuhl-Gang!“ Andernorts hatte mir ein Mitarbeiter den Spitznamen „Landsmann“ gegeben, weil er aus derselben Ecke Südtirols wie ich stammte. Was reimt sich auf „Landsmann"? Richtig „langsam"! Das wurde natürlich voll ausgekostet. In Florenz holte mich mein Chef zur Seite und sagte mir, ich sei etwas zu langsam. Hier muss ich zu meiner Verteidigung sagen, dass zu der Zeit absolut nichts los war und alle in der Küche (inklusive des Küchenchefs) rumstanden und Eier schaukelten. Warum er mich rausholte, weiß ich nicht, aber ok. Dies nistete sich natürlich alles in meinem Kopf ein und ich wurde eher noch langsamer.

Was außerdem noch furchtbar war, mein Ordnungssinn. Auf meinem Arbeitsplatz herrschte immer das absolute, totale Chaos. Schnitt ich ein Bund Schnittlauch, so fand man diesen in der ganzen Küche. Ich schaffte es immer, den gesamten Herd wegen eines einzigen Gerichts zu versauen. Meine Kochjacke war eine Katastrophe. An ihr konnte man genau ablesen, was ich an diesem Tag gemacht hatte. Hatte ich meine Mise-en-place (Für Nichtköche: Meine Vorbereitungen für den Mittags- bzw. Abendservice) abgeschlossen, schaffte ich es nie, meinen Arbeitsplatz aufzuräumen, bevor der Service los ging. Nein, währenddessen wurde das Chaos noch größer. Auf den Regalen konnte man schreiben, im Kühlschrank befand sich vieles, was schon fast wieder lebendig wurde. Ich verwendete für alles unpraktische Behälter, sodass die Unordnung noch größer wurde und ich immer am Suchen war. Das kostete nicht nur meinen Mitarbeitern Nerven, sondern auch mich.

Was noch gegen mein Talent sprach, war das Resultat meiner Gesellenprüfung. Ich hatte zuvor meine Matura am Realgymnasium abgeschlossen. Was auch „Reifeprüfung" genannt wurde, ist heute von jedem mit links zu schaffen. Ich hatte mein Abitur und war Tellerwäscher, wofür es ja auch keiner besonderen Einschulung bedarf. Aber zurück zum Thema Lehrabschlussprüfung. Ich fühlte mich natürlich super schlau, als 20-jähriger unter lauter 15-jährigen und natürlich auch deshalb, weil ich mit meinem Abschluss in der 2. Klasse einsteigen durfte. Dann ließ ich auch die 3. Klasse aus und trat direkt zur Prüfung an. Was folgte, kann sich der Leser sicher denken, ich fiel durch.

Alles Gute –
und mach mal
deine Prüfung,
du Hobbykoch!

Ob Grund-, Mittel- und Oberschulabschluss, Zweisprachigkeit oder Führerschein, ich hatte bisher noch jede Prüfung im ersten Anlauf bestanden und war in der Schule stets im oberen Drittel bei den Bewertungen. Das war für mich natürlich ein herber Rückschlag. Ich hatte lange nicht mehr geheult, aber auf der Heimfahrt flennte ich Rotz und Wasser. Mein Selbstwertgefühl war im Keller. Aber von da an war mir klar, es kann nur mehr aufwärts gehen. Ich begann, selber Witze über meine nicht bestandene Prüfung zu reißen und konnte Gott sei Dank auch noch darüber lachen. An meinem Arbeitsplatz in München gab es zum Abschied für jeden ein Buch, in das die Mitarbeiter eine Widmung hinein schrieben. Eine davon lautete „Alles Gute – und mach mal deine Prüfung, du Hobbykoch! ☺“.

Ich möchte meine Leserinnen und Leser beruhigen, ihr haltet hier nicht ein Buch eines Hobbykochs in Händen. Ihr könnt mir trotzdem vertrauen. Ich machte meine Prüfung schließlich ein Jahr später. Auch lasse ich kaum noch Kekse anbrennen, geschweige denn Milchreis. Meinen Ordnungssinn und meinen Putzfimmel könnte man mittlerweile fast schon als penetrant bezeichnen – wer daran zweifelt, sollte einmal mit meinen Mitarbeitern reden. Schnell bin ich vielleicht immer noch nicht, aber ich finde Wege, um Zeit zu sparen und meine Aufgaben schneller zu erledigen.

Wie es dazu kam, dass auch ich, als scheinbar unbrauchbarer Gehilfe, ein Talent zum Kochen entwickelte, werdet ihr im weiteren Verlauf dieses Buches erfahren.

cannelloni mit kürbisfüllung, pecorino und amarettobutter

EINKAUFSLISTE

4 Personen

Teigblätter

300 g helles Weizenmehl
200 g Hartweizengrieß
4 Eier + Wasser
(zusammen 230 g)

Kürbispaste

1 kleiner Kürbis
Sternanis

Kürbisfüllung

250 g Kürbispaste
50 g Mascarpone
100 g Ricotta
100 g gekochte und passierte Kartoffeln
Salz, Pfeffer, Muskatnuss

Fertigstellung

4 Amarettokekse
50 g Butter
frisch geriebener Pecorino (gereifter Schafskäse)

ZUBEREITUNG **

Aus den Zutaten kneten wir einen Teig und wickeln ihn für 10 Minuten in Klarsichtfolie ein. Wir verarbeiten ihn zu Lasagneblättern, wie in der Einleitung beschrieben (Seite 15). Dann die Nudelblätter in 8 x 12 cm große Rechtecke schneiden.

Den Kürbis schneiden wir in faustgroße Stücke. Diese wickeln wir mit dem Sternanis in Alufolie und garen ihn bei 180°C ungefähr 30 Minuten im Backrohr. Sobald er gar ist, Schale und Kerne entfernen und im Mixer zerkleinern.

Wir mischen alle Zutaten in einer großen Schüssel, schmecken mit Salz, Pfeffer und Muskatnuss ab. Auf die kurze Seite der Nudelblätter geben wir mit einem Spritzbeutel einen Streifen Füllung und rollen sie ein.

Die Cannelloni wärmen wir für 10 Minuten im 150°C heißen Backrohr. Währenddessen lassen wir in einem Töpfchen die Butter bräunen und fügen die Amaretti hinzu. Die Cannelloni aus dem Rohr nehmen, mit Pecorino und Amarettobutter bestreuen.

Entweder man mag Kürbis oder man verschmäht ihn. Sein süßlicher Geschmack lässt sich sehr vielseitig kombinieren. Es darf auch ein bisschen verrückt zugehen, hier etwa mit Amarettokeksen.

artischocken-cappelletti
mit ziegenkäse

EINKAUFSLISTE
4 Personen

Artischockenfüllung
1 kg Artischocken (4–5 große)
1 Zitrone
Thymian, Lorbeer, Rosmarin (je 1 Zweig)
1 Knoblauchzehe
150 g gekochte, passierte Kartoffeln
Salz, Pfeffer

Teig
350g helles Weizenmehl
100g Weizenvollkornmehl
50g Hartweizengrieß
2 Eier + Wasser (zusammen 230g)
Mehl zum Ausrollen

Fertigstellung
Olivenöl
50g Kirschtomaten
Salz
50g Ziegenfrischkäse
frittierte Petersilie

ZUBEREITUNG ****

Von den Artischocken entfernen wir die äußeren Blätter, die Blattspitzen und das Stroh. Sind die Stiele größer, so kann auch deren Inneres verwendet werden. Sofort mit Zitronensaft einreiben und in Zitronenwasser legen. In einem Topf 1l Wasser mit den Kräutern aufkochen, salzen und die Artischocken im Sud weich kochen. Fein hacken, mit den Kartoffeln in einer Schüssel vermischen, mit Salz und Pfeffer abschmecken.

Aus den Zutaten einen Teig herstellen, diesen ausrollen und in Quadrate schneiden. Ein Häufchen Füllung in die Mitte geben, befeuchten, übers Eck zusammenfalten und andrücken. Dann die zwei äußeren Enden um den Finger herum zusammen falten.

Die Tomaten im Olivenöl leicht erwärmen und salzen. Den zerbröselten Ziegenkäse einige Sekunden mit wärmen. Dann alles über die gekochten Cappelletti geben und mit Petersilie bestreuen.

Zwar kennen sie die meisten nur aus dem Glas, doch gegen frische Artischocken kommen diese bei weitem nicht an. Das Herz dieser hervorragenden Disteln ist immer wieder ein Geschmackserlebnis.

garganelli
mit frischer tomatensauce

EINKAUFSLISTE

4 Personen

Garganelli

250 g Dinkelvollkornmehl
150 g helles Dinkelmehl
100 g Hartweizengrieß
2 Eier + Wasser (zusammen 230 g)

Tomatensauce

1 Zwiebel, klein gewürfelt
1 zerdrückte Knoblauchzehe
Olivenöl zum Anbraten
600 g San-Marzano-Tomaten (Eiertomaten)
50 ml Olivenöl
Basilikumstängel
Salz, Pfeffer
frische Basilikumblätter, in Streifen geschnitten

Basilikumpesto

(Seite 76)

ZUBEREITUNG *

Einen Teig aus den Zutaten bereiten, dünn ausrollen und zu 5 x 5 cm großen Quadraten schneiden. Diese rollen wir diagonal mit Hilfe eines Stäbchens (Ø 5 mm) auf einer gerillten Oberfläche zu Garganelli auf.

Den Tomatenstrunk herausschneiden und auf der Rückseite die Tomaten einritzen. Für 30 Sekunden in kochendes Salzwasser geben und sofort in Eiswasser abschrecken. Dann ziehen wir die Schale mit dem Messer ab. Auseinander schneiden, die Kerne entfernen und in Würfel schneiden. Zwiebeln und Knoblauch in einem Topf mit Olivenöl andünsten.

Anschließend die Tomatenwürfel, die Basilikumstängel und das restliche Olivenöl dazugeben und köcheln lassen, bis die Würfel fast vollständig zerfallen sind. Würzen und den Basilikum dazugeben, dann die gekochte Pasta darin schwenken. Anrichten und mit Pesto beträufeln.

Das kann doch jeder ...

Scheinbar nicht, sonst würden nicht so viele von uns zur fertigen Tomatensauce greifen, oder? Kein Problem, das ist ja nicht schlimm, im Regal stehen durchaus auch hochwertige Produkte. Zur Zwiebel kann man natürlich auch noch Karotten und Sellerie dazu nehmen, aber wir mögen es ja gerne einfach ...

2. die quellen meines guten geschmacks

Ich sehe ihn noch vor mir, wie er auf und ab sprang und so ganz nebenbei den Tellerwärmer mit Fußtritten bearbeitete. Wieder einmal hatte einer von uns mit seinen Talenten übers Ziel hinaus geschossen. Ob es wegen des versalzenen Spinats war, oder wegen der zu bissfesten Zuckerschoten, es gab für den Chefkoch häufig einen Grund durchzudrehen. Einmal war das Filet nicht exakt medium-rare, sondern einen Hauch mehr medium. Dann war das Petersilienpüree nicht fachgerecht gebunden. Einer der Köche war nicht auffindbar und ein anderer zu langsam (wer wohl?). Es war immer wieder ein Erlebnis, wie er begann, auf seinen Turnschuhen durchzudrehen. Natürlich geriet auch ich unter Beschuss, da ich vor allem die meiste Zeit zu langsam war. Sodass mein Chef de Partie, wieder eins auf die Mütze wegen mir bekam, oder ich wegen ihm. Was mir bis heute hängen blieb, war der Anschiss, wegen der zu dicken Tagliatelle, zu deutsch Bandnudeln.

Ich befand mich damals auf deutschem, besser gesagt, bayrischem Terrain und musste mich der Frage stellen, warum ich Italiener sei und deutsch spreche (dazu später mehr) und zudem noch nie eine Bolognesesauce gekocht hatte. Die brachte mir dann netterweise ein Wiener bei. Man stelle sich vor, ein Italiener (zumindest auf dem Papier) geht nach Deutschland und lässt sich von einem Österreicher beibringen, wie man Ragout (so heißt die Bolognese bei mir daheim) kocht. So richtig zum „Ingrundundbodenschämen“, würde ich sagen!

Natürlich hieß es dann, als es darum ging, Tagliatelle zu produzieren „Du kannst mal gehen Tagiatelli (!) machen, das wirst du doch wohl können ...?“ Darin hatte ich bereits Erfahrung und so ging ich voller Elan ans Nudeln machen. Das Resultat stieß auf wenig Gegenliebe, sie waren (dem Chef), wie schon erwähnt, zu dick. Ok, vielleicht waren diese etwas zu dick (ich mache sie auch heute noch nicht recht viel dünner). Als ich dann die gewünschte Dicke zu sehen kriegte, fühlte ich mich irgendwie in meinem damaligen Vorurteil bestätigt, dass Deutsche nix von Pasta kapieren. Die Bandnudeln glichen in etwa den Streifen, die man erhält, wenn man Dokumente durch den Reißwolf lässt. Soweit ich mich erinnern kann, schmeckten sie auch dementsprechend.

Zurück zu der Person, die mich bis heute noch in meinen Träumen verfolgt. Er drehte nicht ständig durch. Wenn er das aber wegen mir tat, so hatte er sicher seinen Grund dazu. In seiner Lage würde mir heute auch der Kragen platzen, wenn solch ein Grünschnabel mir jedes Mal eine leicht würzige Antwort gäbe, sobald ich etwas zu ihm sage. Ich glaube, ich schulde ihm vor allem Dankbarkeit dafür, dass ich meinen Geschmackssinn geschult bekam. Stets stand er am Pass (Essensausgabe) und probierte alles, was wir anrichten sollten. Wehe, der Geschmack war nicht perfekt! Ich lernte, dass man nicht mit nassen Händen salzen darf (logisch, aber als Laie leuchtet einem das nicht ein). Dass Raucher einen anderen Geschmackssinn haben als Nichtraucher (das versteht man spätestens, wenn man dasselbe Gericht von beiden parallel probiert). Dass frische Kräuter das „Um und Auf" in der Küche sind. Vor allem eines, immer, immer, immer wieder probieren. Dafür heute nochmals DANKE, Chef!

Ich hatte also in diesem Restaurant am Stachus gelernt, wie man einen geilen Geschmack in ein Gericht bekommt. Gegenüber befand sich eine Filiale einer Schnellimbisskette, die zu jener Zeit die umsatzstärkste in ganz Deutschland gewesen sein soll. Warum erzähle ich das? Nun, hier prallen zwei Welten aufeinander, Fast Food und Sternerestaurant. Mir ist es ein Rätsel, wie man sich tagtäglich Ersteres reinziehen kann. Zugegeben, auch in mir kommen hin und wieder Gelüste hoch, die mich in eine solche Location treiben. Hinterher bereue ich es dann wieder, weil mir das Gegessene, für die nächsten 14 Tage sauer aufstößt. Auch die Sternegastronomie ist sicher nicht für alle Tage geeignet. Ich habe nicht immer Lust und Laune, für zwei oder drei Stunden beim Essen zu sitzen. Aber dafür habe ich jeweils ein Erlebnis. Ich lerne neue Geschmackswelten kennen, neue Kombinationen und Kreationen, esse vielleicht auch mal etwas, das ich vorher nicht kannte.

Es ist ja geradezu zur Volkskrankheit geworden, dass man sich jede Suppe mit braunem, glutamathaltigem „Zullnwasser" (ausgepresste Maikäfer) verfeinern muss und noch schlimmer, sie dann auch noch isst. Dann bin ich auch schockiert, was man vielerorts unter Käse versteht. In Plastikverpackungen, mit einem Geschmack, der irgendwo zwischen vergorener Milch, Silofutter und jener Verpackung liegt. Käse, naja ... Aber besser, wir halten uns nicht mit alledem auf, was uns nicht gut tut, sondern wenden uns den guten und schönen Dingen zu.

Die regionale Küche wird gerne als ein Trend bezeichnet. Meiner Meinung nach ist sie einfach eine logische Folge der Globalisierung. Wenn es überall das Gleiche gibt, muss ich mir das Besondere vor Ort herauspicken, was sonst kein anderer hat. Ich bin absolut kein Exot, was das Kochen anbelangt. Zwar esse ich gerne Mango, Kokosnüsse, Ananas und Bananen, verwende diese aber selten in meiner Küche. Warum? Ich finde es nicht authentisch. Ehrlich kochen heißt für mich, dass man das macht, wozu man einen Bezug hat.

Ich verkaufe in meinem Mountain Dining Resort bayrisches Bier, weil ich dort gearbeitet habe und es meiner Ansicht nach das Beste ist. Ebenso verwende ich in der Küche hauptsächlich Olivenöl aus der Toskana, weil ich auch dort gearbeitet habe und es für mich das beste Öl ist. Wäre mein Vater Japaner, so hätte ich kein Problem damit, tirolerisches mit japanischem zu vermischen. Was ich damit sagen will, ist Folgendes „Die meisten Köche bestellen einfach drauflos und kochen irgendwas, was sie schon einmal gesehen haben!" Die wenigsten machen sich Gedanken dabei, ob das, was sie machen, einen Sinn ergibt. Mir geht es nicht darum, andere Köche zu kritisieren, ich möchte lediglich zum Nachdenken anregen. Ich esse auch gerne mal indisch, mexikanisch, marokkanisch oder was auch immer. Wenn aber in der Küche kein Inder, Mexikaner oder Marokkaner steht, so steigen in mir schon erste Zweifel auf ...

Vielleicht sollte ich erwähnen, dass in meiner Heimat, dem Pustertal, nicht sonderlich viel gedeiht. Das restliche Südtirol behauptet immer, bei uns würden nur Kartoffeln wachsen. Sagen wir mal, fast jeder Bauer im Tal hat einen Acker, auf dem er Kartoffeln anbaut. Dafür schwärmt aber das ganze Land von unseren Kartoffeln, weil die anderen Täler das nicht haben. Man lebt halt nicht nur vom Wein und den Äpfeln. Jeder Flecken Erde hat seine Besonderheit und dies sollte man nicht bejammern, sondern zu seinem Vorteil nutzen.

Zum Glück habe ich „meine" Bauern. Ohne sie würde es auch mir nicht gelingen, etwas Außergewöhnliches auf den Teller zu zaubern. Einer der ersten, mit denen ich zusammenarbeitete, war Seppi, mein ehemaliger Sportlehrer. Ich ärgerte mich gerade über die wässrigen Kartoffeln des Gemüsehändlers, aus denen es unmöglich war, Bratkartoffeln zu machen. Sie blieben entweder weiß, oder verbrannten auf der Stelle. Dazu kam noch, dass man beim Essen nicht schmeckte, ob es sich um eine Kartoffel oder einen weichgekochten Putzschwamm handelte. Würzte man diese mit Salz und Pfeffer, so schmeckte man nur Salz und Pfeffer (Der Chef hätte gesagt: „Die schmecken nach Arsch und Friedrich ...").
Also fragte ich mich, wo man richtig gute Kartoffeln finden kann. Wie der Zufall so spielt, war meine Mutter gera-

Dem besten Koch nützt es nichts, alle Techniken zu beherrschen, wenn er keine schlauen Grundprodukte hat.

de bei Seppi, beim wöchentlichen Damenturnen und erwähnte so nebenbei „Ich könnte ihn ja mal fragen, ob er noch welche hat...“. Gott sei Dank hatte er noch. Wenn man eine Kartoffel als Erlebnis bezeichnen kann, dann sind es diese. Im Sommer darf ich auf seinem Acker, der sich am sonnigsten Platz in meiner Umgebung befindet, selber das Gemüse ernten, was ich brauche. So lernt man die Produkte viel mehr schätzen und geht mit Respekt damit um.

Als Seppi einmal die Kartoffeln ausgingen, schickte mich mein Saunakollege Herman zu Benno. Bei ihm landete ich im Paradies. Mit seinem Mehl schmeckten meine Schlutzkrapfen und meine Nudeln auf einmal um Welten besser. Nach und nach konnte ich mir ein schönes Netzwerk aus Bauern aufbauen. Es folgte Andreas, der den weltbesten Ziegenkäse und den genialsten Speck des Universums produziert. Leider, oder zum Glück, hat er nur zwei oder drei Schweine, die er im Jahr schlachtet.

Dann sind da noch Markus und Robert, an die ich mich wende, wenn ich Fleisch brauche. An gutes Fleisch muss man sich auch erst gewöhnen, habe ich gelernt. Isst man das erste Mal ein Stück richtig gutes, gesundes Fleisch, kommt man ins Stocken. Es schmeckt ungewohnt, sprich, es hat Geschmack! Man kann es guten Gewissens essen und weiß, dass man damit nicht gleich eine ganze Medikamentenschachtel mit einnimmt. Und dann gibt es noch jede Menge anderer Bauern mit ihren Familien, die mich beliefern.

Dem besten Koch nützt es nichts, alle Techniken zu beherrschen, wenn er keine schlauen Grundprodukte hat. Und je weniger weit und lange man ein Nahrungsmittel durch die Weltgeschichte transportieren muss, desto frischer und besser ist es. Wenn wir dann noch dem Produkt seinen natürlichen Aspekt lassen, es nicht zu viel bearbeiten, versalzen und überwürzen, wird jeder gute Rohstoff zu einem Erlebnis. In Krisenzeiten ist man als Selbstversorger am besten dran. Deshalb bin ich überzeugt, dass das Beste für uns immer vor der eigenen Türe zu finden ist.

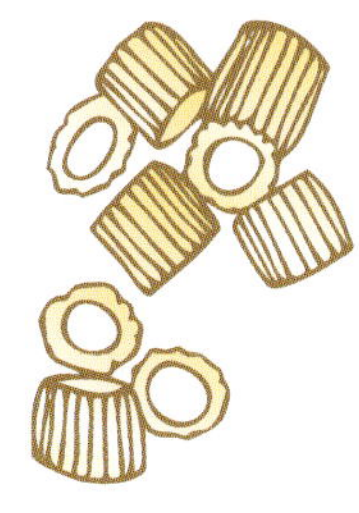

kräuterfleckerln

mit steinpilzen

EINKAUFSLISTE

4 Personen

Kräuterfleckerln

300 g helles Weizenmehl
200 g Hartweizengrieß
3 Eier + Wasser (zusammen 230 g Flüssigkeit)

gemischte Kräuterblätter ohne Stängel: Petersilie, Kerbel, Basilikum, Dill, Majoran, Salbei

Steinpilzsauce

500 g frische Steinpilze
Olivenöl
je 1 Zweig Thymian, Rosmarin und Salbei
1 Knoblauchzehe, mit Schale zerdrückt
50 ml Weißwein
Salz, Pfeffer
200 ml Kalbjus (oder 200 ml Brühe)
60 g Butter

ZUBEREITUNG **

Mehl, Eier und Wasser zum Teig verarbeiten. Wir rollen den Teig eine Stufe dünner wie normal aus. Die Hälfte des Teiges leicht befeuchten, die Kräuterblätter darauflegen, mit der anderen Hälfte zudecken und glatt streichen. Nun rollen wir den Teig auf der gewohnten Stufe durch die Maschine und schneiden ihn in 4 x 4 cm große Quadrate (Bilder auf Seite 171/172).

Die Pilze säubern wir und schneiden diese in Scheiben. Wir braten sie in heißem Olivenöl an und geben die Kräuter mit dem Knoblauch dazu. Dann löschen wir mit Weißwein (muss nicht unbedingt sein) und gießen mit der Kalbssauce oder der Suppe auf. Die Butter dazu geben und cremig einkochen lassen. Dann Knoblauch und Kräuter entfernen. Wir schwenken die gekochten Kräuterfleckerln in der Sauce.

Sommerzeit ist in den Bergen Pilzezeit. Die Gäste kommen in Schwärmen und verlangen nach den wohlschmeckenden „Waldbewohnern“. Ich mag sie am liebsten vom Grill oder ganz einfach mit Knoblauch und ein paar Kräutern. Und ganz bestimmt nicht mit Sahnesauce (pfui deibel!).

fagottini
mit steckrüben und latschencreme

EINKAUFSLISTE
4 Personen

Steckrübenfüllung
500 g Steckrüben
Olivenöl
100 ml Gemüsebrühe
100 g gekochte und geschälte Kartoffeln
Salz, Pfeffer, Muskatnuss

Vollkornteig
200 g Weizenvollkornmehl
250 g helles Weizenmehl
50 g Hartweizengrieß
2 Eier + Wasser (zusammen 230 g)

Fertigstellung
1/2 Zwiebel, in Streifen geschnitten
200 g geschälte, rohe Kartoffeln
Olivenöl
300 ml Fleischsuppe
30 g Latschennadeln (mit dem Fleischwolf oder Bimby zerkleinert)
Salz, Pfeffer, Muskatnuss
30 g Almkäse, grob gerieben

ZUBEREITUNG **

Die Rüben schälen, klein schneiden und in Olivenöl kurz andünsten. Dann gießen wir sie mit der Gemüsebrühe auf und kochen sie weich, bis die Brühe fast verkocht ist. Anschließend fein hacken oder cuttern (mixen), die Kartoffel dazugeben und abschmecken.

Die Zutaten zu einem Teig verarbeiten. Wir rollen ihn aus und schneiden ihn in Quadrate. Auf jedes geben wir in die Mitte etwas Füllung, zwicken über dieser die jeweils gegenüber liegenden Ecken zusammen und schließen die Ränder.

Die Zwiebel in Öl kurz andünsten, die klein geschnittene Kartoffeln kurz mitdünsten und mit der Suppe aufgießen. Wir kochen alles weich, mixen es mit den Latschennadeln auf und schmecken die Sauce mit Salz, Pfeffer und Muskat ab. Die Sauce verteilen wir auf den Tellern, richten die Fagottini darauf an und reiben den Almkäse darüber.

Die Steckrüben werden leider vielfach nur mehr an die Schweine verfüttert. Wie ihr sicher schon mitgekriegt habt, bin ich ein Knollenliebhaber. Das heißt aber noch lange nicht, dass ich eine Nase, wie eine Stromsteckdose und ein Ringelschwänzchen habe ...

ditaloni mit brokkoli, radieschen und ricotta

EINKAUFSLISTE

4 Personen

Ditaloni

200 g helles Weizenmehl
400 g Hartweizengrieß
210–220 ml Wasser

Fertigstellung

500 g Brokkoli
50 ml Olivenöl
200 ml Gemüsebrühe
200 g Radieschen
250 g Ricotta
Salz, Pfeffer

ZUBEREITUNG *

Alle Zutaten in der Maschine zu einem krümeligen Teig verarbeiten und durch die entsprechende Matritze (Schablone der Nudelmaschine) pressen.

Den Brokkoli waschen, zu Röschen schneiden und inklusive des Stiels dämpfen. Vom Stiel die äußeren Teile abziehen, mit etwa der Röschen, dem Öl und der Gemüsebrühe aufkochen und mixen. Die Radieschen vierteln und in etwas Olivenöl anbraten, dann den Brokkoli und die gemixte Sauce dazugeben und aufkochen. Jetzt schwenken wir die Ditaloni darunter und würzen mit Salz und Pfeffer. Wir richten die Pasta auf den Tellern an und drücken die Ricotta mittels einer Kartoffelpresse darüber.

Diesmal kommt die Ricotta ausnahmsweise nicht in, sondern statt des Parmesans auf die Pasta. Das passt natürlich auch zu vielen anderen Nudeln. Zu einer Gemüse-Pasta wie dieser, schmeckt sie besonders lecker. Als ich Radieschen zum ersten Mal gebraten sah, war ich erst etwas verwirrt, aber der Unterschied zum Rohzustand ist sagenhaft.

3. die eier mit dem glatten teig

Alle Nudeln werden aus zwei Komponenten hergestellt, Mehl und Flüssigkeit in Form von Wasser oder Eiern. Manche Teige enthalten auch noch einen kleinen Fettanteil (Olivenöl oder Butter), arbeitet man mit einer Nudelmaschine, ist dies jedoch nicht zu empfehlen. Ist der Fettanteil nämlich zu hoch, so kann es passieren, dass der Teig auf den Walzen beginnt, zu „rutschen" und nicht mehr eingezogen wird. Das kann sehr ärgerlich sein.

Ich glaubte dem Chef, der mir das beibrachte, erst Jahre später. Ich hatte mir eine neue Nudelmaschine geleistet und haute, wie gewohnt, Unmengen an Olivenöl in den Teig. Der Ärger war natürlich groß und ich fluchte mich quer durch meine Sammlung italienischer Schimpfwörter (die ich jetzt nicht näher erläutern möchte, denn sie sind auch dem Deutschsprachigen hinlänglich bekannt), als ich Wochen damit verbrachte, zwei Portionen Nudeln auf die Welt zu bringen.

Der Flüssigkeitsanteil variiert je nach Mehlsorte. Wenn ich etwa meine Schwarzbrotnudeln mache, so braucht es etwas mehr Flüssigkeit, weil die Roggenbrotbrösel sehr viel und sehr lange Wasser aufnehmen. Frisches Roggenmehl dagegen ist sehr klebrig und braucht weniger Wasser (in früheren Zeiten fand eine Mischung aus Roggenmehl und Wasser als Schuhleim Verwendung). Dann hängt es natürlich davon ab, ob man Bandnudeln, Spaghetti, Cavatelli, Tortellini, Schlutzkrapfen oder was auch immer macht.

Ist der Teig für Ravioli etwas zu weich, so haften diese beim Ausstechen am Tisch oder werden deformiert und haben durch die Verarbeitung eine unregelmäßige Dicke. Resultat, sie sind zum Teil verkocht, zum Teil roh oder brechen auf. Ist der Teig zu trocken und fest, kann er nicht so lange bearbeitet und im Form gebracht werden und die Teigtaschen brechen schon im rohen Zustand auf. Hier spielt auch der Hartweizenanteil eine große Rolle. Zuviel davon hat zur Folge, dass die Nudeln sehr lange Kochzeiten haben. Bei zu wenig davon, verkochen sie zu schnell. Für Eierteignudeln habe ich meine

Faustregel von maximal 1/3 Hartweizenanteil auf die gesamte Mehlmenge, bei gefüllten Nudeln ist es max. 1/10. Hier schwingt meine Erfahrung mit, jeder muss sein eigenes optimales Resultat finden.

Bei der Zubereitung eines Nudelteiges ist vor allem eines wichtig, schnell sein. Idealerweise knetet man ihn in einer Küchenmaschine zusammen. Hier fällt mir ein, an meinem Münchner Arbeitsplatz (wovon ich im letzten Kapitel bereits erzählte), gab es ein Verbot, den Nudelteig in der Rührmaschine zuzubereiten. Die Begründung war, er werde dort nicht „glatt". Das heißt für den Laien, homogen, einheitlich, das Mehl hat den gesamten Flüssigkeitsanteil aufgenommen und man hat eine schöne Modelliermassen-Kugel.

Dazu kam noch, dass man sich exakt an das Rezept des Chefs halten musste. Nun, ich denke, jeder, der schon mal einen Nudelteig von Hand machen musste, weiß wovon ich rede. Es ist Schwerstarbeit, besonders wenn man zu wenig Wasseranteil dabei hat. Wenn man nur ein klein wenig zu lange geknetet hat, so gibt es praktisch keine Möglichkeit mehr, das noch „freie" Mehl in den Teig einzuarbeiten, außer, man gibt noch etwas Wasser hinzu.

Eben hatte dieses Rezept eine solche Zusammensetzung. Wenn man aber dabei erwischt wurde, wie man etwas mehr Wasser hinzufügte, so gab es Ärger, und zwar ganz dick. Ich war also der Meinung (und bin es noch heute), dass der Mensch Maschinen erfand, weil er nicht zum Arbeiten gemacht ist. Daher verwende ich (damals wie heute) die Rührmaschine für den Teig. Hat man keine, so erhöht man den Flüssigkeitsanteil um etwa 10 – 15 %, dann schafft man das Kneten auch „zu Fuß". Wie gesagt, ich bin von Natur aus etwas faul, deshalb bevorzuge ich die Maschine.

Ist der Teig dann zusammengeknetet, so wickelt ihr ihn in eine Klarsichtfolie und lasst ihn sich von den Strapazen etwas ausruhen. Hier habe ich natürlich auch eine Alternativmethode gelernt, ich vakuumiere den Teig. Das hat den Vorteil, dass ich ihn weniger lange kneten muss und garantiert keine Luft dazukommt, die ihn während der Ruhezeit austrocknen kann. Zudem hält er sich einige Tage im Kühlschrank. Noch ein kleiner Tipp an dieser Stelle, einen Nudelteig solltet ihr nur dann salzen, wenn ihr ihn am selben Tag verarbeitet. Sonst wechselt er schnell die Farbe, was ziemlich unappetitlich aussieht.

Ein weiterer Diskussionspunkt bei Eierteignudeln ist, Vollei oder Eigelb? Also, der erste Nudelteig, den ich lernte zu machen, enthielt nur ganze Eier. Am nächsten Arbeitsplatz kamen zur Hälfte ganze Eier und zur Hälfte Eigelb in den Teig. Eine Küche weiter, kam nur Eigelb aus dem Tetrapak zum Einsatz und am nächsten Ort, war man eine Woche dabei, die Eier zu trennen, um das Eigelb für einen Teig zusammen zu kriegen.

Hier driften die Meinungen weit auseinander und jeder hält sein Rezept für das Beste. Ich muss zugeben, ich habe noch nicht so recht herausgefunden, was wofür ideal sein soll. Verwendet man ganze Eier, so wird der Teig elastischer und die Nudeln gehen beim Kochen mehr auf (im Sinne, sie werden größer). Nur mit Eigelb ändert sich die Größe der Nudeln weniger und der Teig ist etwas brüchiger. Ich liebe es, ein bisschen herum zu experimentieren, bin aber eher bei der Vollei-Fraktion gelandet. Mit ein Grund ist, dass mir die Zeit fürs Eier trennen zu schade ist (hihihi ...).

Was ich noch unbedingt erwähnen muss, auch beim Mehl gibt es gewaltige Unterschiede. Für meine hausgemachte Pasta verwende ich nur biologische und biodynamische Mehlsorten. Die hole ich mir nicht in irgendeinem Geschäft, sondern direkt beim Bauern, Benno in diesem Falle.

Wer die Geschmacksunterschiede einmal direkt festgestellt hat, geht davon nicht mehr ab. „Massen"-Mehl schmeckt nach gar nichts, doch, nach Pulver. Hier geht es nicht um den Unterschied von weißem und Vollkornmehl, sondern um die Herstellungsweise. Das Resultat ist einfach ein anderes. Wenn man das nicht selber probiert hat,

versteht man es nicht. Ich wette, jeder von euch hat einen Bauern in seiner Nähe, der selber Korn anbaut und mahlt. Macht euch einfach auf die Suche und ihr werdet begeistert sein. In diesem Zuge, sucht euch auch jemanden, der gute Bio-Eier hat, denn das ist der nächste Punkt. Man kann die besten Techniken haben, wenn man keine ausgezeichneten Grundprodukte verwendet, so führt das nirgendwo hin.

Keine Märchen von wegen, dass es keine Bio-Bauern in eurer Nähe gibt. Denn wenn ich in meinem abgelegenen Tal welche habe, gibt es sie bei euch auch. Vielleicht müsst ihr dafür die Stadt verlassen, aber es gibt sie ganz sicher.

Ich fluchte mich quer durch meine Sammlung italienischer Schimpfwörter

rohnen-cavatelli mit zucchinipesto und „golden gel"-käse

EINKAUFSLISTE

4 Personen

Cavatelli

300g helles Weizenmehl
200g Hartweizengrieß

120g Rote Bete, gekocht und geschält, 2 Eier + evtl. Wasser (zusammen 250g Flüssigkeit)

Zucchinipesto

100g Zucchini
2 EL Olivenöl zum Anbraten
20g Walnüsse
100ml Olivenöl
50g frisch geriebenen Parmesan
Salz, Pfeffer

Fertigstellung

200g „Golden Gel" Käse, in hauchdünne Scheiben geschnitten

ZUBEREITUNG ***

Rote Bete und Eier abwiegen und evtl. etwas Wasser hinzufügen, damit wir auf 250g Flüssigkeit kommen und miteinander mixen. Dann kneten wir alle Zutaten zu einem geschmeidigen Teig, den wir 10 Minuten in Folie eingewickelt ruhen lassen.

Wir rollen den Teig mit den Händen dann zu 1,5 cm dicken Strängen und drehen ihn durch die Cavatelli-Maschine. Wer diese nicht hat, schneidet die Stränge in 1 cm große Stücke. Dann drückt man sie mit dem Daumen auf ein gerilltes Brett (oder ein Gitter) und rollt sie herunter. Zucchini schneiden wir in Würfel und braten sie kurz in Olivenöl an. Dann mixen wir sie mit dem restlichen Olivenöl und den Nüssen zusammen auf. Wir fügen zum Schluss Parmesan, Salz und Pfeffer dazu.

Die Cavatelli kochen wir bissfest in Salzwasser (2–3 Minuten). Dann gießen wir sie ab, wärmen sie im Topf zusammen mit dem Pesto auf. Wir richten es auf den Tellern an, legen eine Scheibe Käse auf jede Portion und schmelzen diesen mit dem Heißluftfön. Alternativ gibt man die fertig geschwenkte Pasta in eine Auflaufform. Mit dem Käse bedecken und im Backrohr, bei voll aufgedrehter Oberhitze, überbacken.

Rote Bete oder Rohnen ermöglichen in der Küche immer schöne Farbspiele und eignen sich hervorragend für Nudelteige. Der „Golden Gel“ ist ein in Trestern eingelegter Blauschimmelkäse, den man natürlich auch mit einem anderen Käse ersetzen kann.

offener dill-raviolo
mit bachsaibling und kren-rohnenschaum

EINKAUFSLISTE

4 Personen

Ravioli-Blätter

300 g helles Weizenmehl
200 g Hartweizengrieß
3 Eier + Wasser (zusammen
230 g Flüssigkeit)
2–3 Dillzweige, ohne Stiele

Kren-Rohnenschaum

1/2 gekochte + geschälte
Rote Bete
Olivenöl
300 ml Gemüsebrühe
100 ml Weißwein
Salz, Pfeffer
100 g Sahne
1 EL Kren (Meerrettich)
2 g Sojalecithin

Fertigstellung

8 kleine Bachsaiblingsfilets
Maldon-Salz
Olivenöl

ZUBEREITUNG **

Mehl, Eier und Wasser zum Teig verarbeiten. Wir rollen den Teig eine Stufe dünner wie normal aus. Die Hälfte des Teiges leicht befeuchten, die Dillblätter darauflegen, mit der anderen Hälfte zudecken und glatt streichen. Jetzt den Teig auf der gewohnten Dicke durch die Maschine lassen und runde Blätter ausstechen (Ø ca. 10 cm).

Die Rote Bete in Olivenöl kurz andünsten und mit Weißwein löschen. Mit der Gemüsebrühe aufgießen und kurz kochen lassen, dann aufmixen. Zum Schluss Sahne, Kren und Sojalecithin zur Sauce geben und mit dem Stabmixer nochmals richtig aufschäumen. Währenddessen, den Saibling in einem Topf mit Deckel und Dampfkörbchen über Wasserdampf glasig dämpfen.

Mit Maldon-Salz und ein paar Tropfen Olivenöl würzen. Die Nudelblätter bissfest kochen und abwechselnd mit dem Saibling auf die Teller schichten. Mit dem Rohnenschaum vollenden und servieren.

Nudelblätter mit eingeschlossenen Kräutern machen nicht nur optisch einiges her, sondern schmecken auch vorzüglich. Vor allem das Aroma des Dills kann sich so richtig schön entfalten.

kakao-bonbons
mit selleriefüllung und kalbswange

EINKAUFSLISTE

4 Personen

Selleriefüllung

500 g Knollensellerie
50 g Butter
100 ml Gemüsebrühe
250 ml Milch
Salz, Pfeffer, Muskatnuss

Kakao-Nudelteig

100 g Kakaopulver, ungesüßt
300 g Weizenmehl
100 g Hartweizengrieß
2 Eier + Wasser (zusammen 230 g)

Kalbswangen

4 Kalbswangen
Samenöl zum Anbraten
100 g Wurzelgemüse (Karotte, Zwiebel, Lauch, Sellerie), in Würfel geschnitten
10 g Tomatenmark
100 ml Weißwein
500 ml Fleischsuppe
Thymian, Rosmarin
Salz, Pfeffer
20 g Stärke, in Wasser gelöst

ZUBEREITUNG ****

Den Sellerie schälen, in große Würfel schneiden und in der Butter farblos anschwitzen. Mit der Gemüsebrühe und der Milch aufgießen, würzen und weich kochen, bis die Flüssigkeit fast vollständig eingekocht ist. Dann mixen wir die Füllung im Cutter. Bei Bedarf binden wir sie mit Parmesan und Semmelbröseln.

Die Zutaten zu einem Teig verarbeiten. Wir rollen ihn aus und schneiden ihn in Rechtecke. Auf jedes geben wir in die Mitte etwas Selleriefüllung, rollen sie wie Bonbons ein und drücken sie gut zu.

Die Wangen braten wir mit dem Gemüse im Öl an. Dann rösten wir das Tomatenmark kurz mit, löschen mit dem Wein ab und geben Suppe und Gewürze dazu. Wir lassen die Wangen etwa 2–3 Stunden schmoren (evtl. ein wenig Wasser dazugeben). Sobald sie weich sind, nehmen wir sie aus der Sauce und seihen diese durch ein feines Sieb. Wir kochen die Sauce nochmals auf, schmecken sie ab und rühren die Stärke ein.

Die Kakaobonbons in gesalzenem Wasser kochen und auf den Tellern mit den Wangen und der Sauce anrichten.

Auch Kakao kann man nicht nur als Süßspeise verarbeiten. Lasst euch nicht verwirren – Kakao ist an und für sich ja nicht süß, das macht nur der Zucker. Er passt sehr gut zu Knollensellerie und zu geschmackskräftigem Fleisch.

4. pasta asciutta al dente, aber bitte nicht als beilage

Schließlich landete ich in Florenz. Ich hatte meinen Lebenslauf an alle 5-Sterne-Hotels und Michelinsterne-Restaurants geschickt. Nicht einmal eine Absage bekam ich. Meine Freundin und ich hatten uns in den Kopf gesetzt, dass es Florenz sein musste, somit suchte ich weiter. Erstmals bekam ich mit, dass es andernorts nicht ganz so leicht wie in Südtirol war, Arbeit zu finden. Ich konnte mir bisher immer aussuchen, wo ich hinwollte. Nun denn, ich nahm ein paar Gastronomieführer zur Hand und erweiterte meine Suche auf die dort erwähnten Lokale.

Ein Gastronom rief zurück und lud mich zu einem Vorstellungsgespräch ein. Ich fuhr dahin und er erzählte mir alles Mögliche. Irgendwie dachte ich mir, es sei eine gute Idee, dorthin zu gehen, obwohl er für meinen Geschmack etwas zuviel redete. Gut, die Alternativen waren nicht sonderlich viele, daher sagte ich zu.

Abends hatte er mich zum Essen eingeladen. Mir gefiel vor allem, dass ich keine Standardsachen auf der Karte fand. Eines fiel mir auf, es gab keine hausgemachte Pasta. Sondern nur „pasta secca", auch bekannt als „pasta asciutta". Erstmals lernte ich, dass getrocknete Nudeln nicht gleich getrocknete Nudeln waren. Abgesehen von der unterschiedlichen Bissfestigkeit, schmeckten sie auch unterschiedlich und hielten diese Festigkeit unterschiedlich lange. Wir machten sogar eine Blindverkostung unter verschiedenen Marken.

Beim Service gab es keine vorgekochten Nudeln, sogar Pasta mit einer Kochzeit von 15 Minuten und mehr wurde à la minute gekocht. Natürlich führte uns das oft in die Klemme, vor allem, wenn mehrere Tische kurz nacheinander bestellten. Jede Pasta war aber ein Erlebnis.

Kurios war, dass ich in Florenz der einzige „reinrassige" Italiener in der Küche war (soweit man einen deutschsprachigen als solchen bezeichnen kann). Es gab einen, dessen Vater Italiener und dessen Mutter aus Mauritius war, einen Japaner und einen Tunesier noch außer mir. Trotzdem wurde ich von unserem Chef „crucco" genannt, was so

viel bedeutet wie Deutscher. Besser erklärt, ein Italiener meint damit dasselbe wie ein Deutscher, wenn er „Itaker“ oder „Spaghettifresser“ sagt.

Also, es ist nicht gerade beleidigend, aber auch nicht gerade schmeichelhaft. In München war ich der Italiener vom Dienst, hier der Deutsche. Ich machte in Florenz keine Pasta, weil ich keine Lust hatte, mir die vorurteiligen Sprüche anzuhören, dass ich als Deutscher von Pasta nichts kapiere. Mir reichte es schon, dass mir gesagt wurde, ich hätte keine Esskultur, weil ich einen Teller Salat zur Pasta aß. Naja, ich empfand es im Gegensatz dazu nicht besonders „essenskulturell“, wenn dem Personal als Beilage zum Fleisch, ein paar Kartoffelchips aus der Tüte serviert wurden ... hüstel, hüstel ... Nun denn, jedem das seine. Ich beschränkte mich daher aufs Zusehen und Lernen.

Als Südtiroler ist man zumindest so viel Italiener, dass man eines lernt, Nudeln werden nicht abgegossen und kalt abgespült. Erst in Florenz lernte ich aber das eigentliche „Warum“ kennen. Hier wurde das Kochwasser der Nudeln sogar zur Sauce gegeben. Es verlieh der Sauce eine zusätzliche Bindung. Oder die Spaghetti wurden gekocht, wie ein Risotto (was auch nicht unbedingt zur Grundausbildung der deutschen Küche gehört). In einer Pfanne wurde die Sauce angesetzt, dann wurde abgelöscht, man gab die Nudeln dazu und goss nach und nach mit Fleischbrühe auf. Diese ließ man dazwischen immer wieder einkochen, dadurch wurde die Sauce besonders cremig.

Also merkt euch, niemals Nudeln kalt wässern!!! Wenn ihr den Kochvorgang unterbrechen wollt, dann gießt die Pasta ab, gebt etwas Olivenöl darauf, rührt sie um und breitet sie auf einem Tisch aus. Es gibt viel Pasta asciutta, die schon von Haus aus nicht viel Geschmack hat. Spült man sie unter kaltem Wasser ab, ist auch noch der letzte Rest davon futsch. Das ist ungefähr so, als ob man ofenfrisches Brot im kalten Wasser einweichen würde. Wie ihr sehen könnt, keine Glanztat also.

Das Wichtigste beim Kochen getrockneter Nudeln dürfte aber allgemein bekannt sein. „AL DENTE“ bitte! Das heißt, wörtlich übersetzt, nach Zahn-Art. Viele missverstehen das und kochen die Pasta in einer Härte, dass man sich die Zähne daran ausbeißt oder es fühlt sich an, als beiße man auf ein paar fremde Zähne. Es heißt schlicht und einfach, dass man noch spüren soll, worauf man beißt. Dasselbe gilt übrigens auch für einen Risotto. Es ist nicht, wie Gemüse mit Biss kochen, das dann ruhig noch knackig sein darf. Wenn eine Nudel beim Reinbeißen noch knackt, ist irgendwas schief gelaufen.

Es hängt natürlich auch immer von der Form der Pasta ab, wie gut sie den Biss behält. Ist die Form nicht gleichmäßig dick (wie etwa bei Farfalle), so bleibt dieser nur an der dicksten Stelle erhalten. Frische Pasta muss vor dem Kochen etwas angetrocknet werden, wenn man ihr einen Biss verleihen will. Sie hat aber im Allgemeinen immer weniger davon, als die getrocknete Hartweizenpasta. „Al dente“ bedeutet, dass beim Anbeißen an der Bissstelle noch ein schmaler, weißer Streifen in der Mitte der Nudel sichtbar bleibt. Ich frage nochmals, was bedeutet „al dente?“ Ich hoffe, ihr wisst es jetzt.

Über diesen Punkt hinaus gegarte Pasta ist meiner Ansicht nach für die Tonne. Gerne passiert es, dass jemand die Nudeln genau auf den Punkt im Wasser kocht, abgießt und dann in der Sauce weiterköcheln lässt. Dass diese Nudeln nicht mehr al dente sein können, leuchtet euch hoffentlich ein. Also nehmt bitte die Nudeln, mit etwas zu viel Biss aus dem Wasser und kocht sie in der Sauce auf den Punkt. Ich durfte einmal einer Unterhaltung zwischen zwei Österreicherinnen beiwohnen. Es verlief ungefähr so: „Die Nudeln schmecken bei uns viel besser!“ „Ja, hier (Südtirol) machen sie diese ganz anders... Viel fester!“ „Genau, wenn man sie bei uns isst, dann zerfallen sie so schön im Mund ...“ Mir wurde leicht schlecht.

Bedenkt, ich wohne nur ein paar Kilometer vom ehemaligen Reich der Habsburger entfernt. Ja, meine Heimat gehörte bis vor etwa 90 Jahren

noch dazu und es herrschen vollkommen unterschiedliche Ansichten darüber, wie man Nudeln isst. Verkochte Spaghetti schmecken für mich wie Regenwürmer. Maccheroni, die auf der Zunge zergehen erinnern mich an Engerlinge (Maikäferlarven). Es gibt vielleicht Menschen, die so etwas essen, Pastakenner ganz bestimmt nicht.

Übrigens will ich damit nicht behaupten, dass alleine die richtige Staatsangehörigkeit zum fachgerechten Pastakoch befähigt. Es passierte mir auch schon bei Italienern in Deutschland, dass ich verkochte Nudeln vorgesetzt bekam. Igitt ... Es liegt vielfach an der Ausbildung, dass das Thema Nudeln nicht richtig behandelt wird.

Ich rede hier von Restaurantköchen, die Pasta fachgerecht kochen können sollten, wenn sie diese auf der Karte anbieten. Das setze ich einfach voraus. Ich biete auch kein Sushi an, weil ich davon schlicht und einfach keine Ahnung habe, obwohl ich es sehr gerne esse. Sollte ich es irgendwann lernen und auf meine Speisekarte setzen wollen, so wende ich mich an Spezialisten, die es meisterlich beherrschen. Sonst lasse ich es bleiben und wende mich den Dingen zu, die ich kann.

Es gibt noch einen Unterschied zwischen Italienern und anderen beim Nudelverzehr. Für den Bewohner des Stiefelstaates ist Pasta prinzipiell eine Vorspeise. Sie wird sogar als „primo piatto" bezeichnet, wenn sie als Hauptgericht gegessen wird. Niemals jedoch isst ein Italiener die Nudeln als Sättigungsbeilage zu einer Fleisch- oder Fischhauptspeise. Viele Nationen (und auch viele Südtiroler) finden es dagegen vollkommen normal, als Beilage zu einem Gulasch, ein paar Maccheroni zu verzehren. Bitte setzt das niemals einem Italiener vor, es könnte fatale Auswirkungen nach sich ziehen.

kamut-caserecce
mit herbstpfifferlingen und wildkräuterpesto

EINKAUFSLISTE

4 Personen

Caserecce

100 g Hartweizen
500 g Kamutmehl
210–220 ml Wasser

Wildkräuterpesto

100 g Wildkräuter (Löwenzahn, Frauenmantel, Walderdbeerblätter, Bärlauch, junge Brennnesseln, Giersch, ...)
20 g Walnüsse
100 ml Olivenöl
50 g frisch geriebenen Parmesan
Salz, Pfeffer

Herbstpfifferlinge

200 g Herbstpfifferlinge, gesäubert
1 Knoblauchzehe
Olivenöl
Thymian, Rosmarin
Salz, Pfeffer
20 g Butter

ZUBEREITUNG **

Die Zutaten in der Maschine zu einem krümeligen Teig kneten und anschließend durch die passende Matritze pressen.

Wir geben die Kräuter, Öl und Nüsse in einen Mixer und mixen alles fein auf. Die Olivenölmenge variiert je nach Mixer, bei einem stärkeren Gerät braucht man weniger, bei einem schwachen um so mehr. Zum Schluss fügen wir den Parmesan dazu, dann schmecken wir mit Salz und Pfeffer ab.

In einer Pfanne das Öl erhitzen, dann Pfifferlinge und Gewürze in die Pfanne geben. Wir schwenken die Pilze kurz durch. Sollten sie keine Flüssigkeit verlieren, fügen wir ein wenig Wasser hinzu. Zum Schluss noch die Butter dazu geben.

Die Caserecce bissfest kochen und im Pesto schwenken. Wir richten sie auf den Tellern an und geben die Pilze darüber.

Herbsttrompeten oder -pfifferlinge sind zwar weniger bekannt als ihre „großen“ Brüder, doch sie sind viel geschmackvoller und eignen sich bestens zum Trocknen. In Kombination mit dem Pesto aus wilden Kräutern ergeben sie einen tollen „Waldgeschmack“.

lagrein-maccheroni
mit beuschel vom bio-lamm

EINKAUFSLISTE

4 Personen

Pasta

600 g Hartweizen
400 ml Lagrein (Südtiroler Rotwein)
1 Ei

Beuschel

300 g Innereien vom Bio-Lamm (Leber, Herz und Lunge)
50 ml Weißweinessig
Samenöl zum Anbraten
200 g gemischtes Wurzelgemüse, in Streifen oder Würfel geschnitten (Zwiebeln, Karotten, Stangensellerie, Kohlrabi, Lauch, Sellerieknolle … alles, was schmeckt!)
1 Teelöffel Tomatenmark
50 ml Weißwein
20 ml Brandy oder Cognac
Gewürze: 3 Essiggurken in Streifen geschnitten, 1 Sardelle, 2 Kapern, 1 Knoblauchzehe, 1 Lorbeerblatt
Salz, Pfeffer
150 ml Kalbsjus (Seite 19)
2 EL geschlagene Sahne

ZUBEREITUNG ****

Den Wein lassen wir in einem Topf einkochen, bis noch etwa 150 ml übrig sind (abwiegen!). Mit dem Mehl und dem Ei in der Maschine zu einem krümeligen Teig kneten und anschließend durch die Matritze pressen.

Die Innereien reinigen und für 1 Minute in kochendem Wasser mit dem Essig blanchieren. Wir nehmen sie heraus und schneiden diese in feine Streifen. Wenn man sie für eine Weile in den Tiefkühler legt, klappt das etwas einfacher.

In einem Topf erhitzen wir das Öl und geben die Innereien und das Gemüse dazu. Sobald sich etwas Satz am Boden bildet, die Hitze reduzieren, das Tomatenmark kurz mitrösten. Mit Weißwein und Brandy ablöschen. Das lassen wir einkochen und fügen die Gewürze mit dem Kalbsfond hinzu. Alles für ca. 30 Minuten, bei kleiner Flamme schmoren lassen. Zum Schluss kommt die geschlagene Sahne dazu.

Die Pasta in Salzwasser bissfest kochen und zur Sauce (Beuschel) dazu geben. Auch hier schwenken, bis die Sauce an der Pasta haftet.

Innereien gehörten früher auf jeden Tisch. Heute sind sie nur mehr etwas für Liebhaber, der Großteil wird entsorgt. Achtet bei Innereien aber unbedingt auf Frische und Herkunft der Tiere.

fusilli
mit kopfsalat, rosenblüten und zitronengras

EINKAUFSLISTE
4 Personen

Rucola-Fusilli
600 g Hartweizengrieß
50 g Rucola
100 ml Wasser
100 g Eiswürfel

Sauce
400 g Maikönig-Salat
(am Besten das Herz)
1 Stange Zitronengras
Olivenöl
100 ml Gemüsebrühe
50 g Butter
20 g Rosenblüten

ZUBEREITUNG *

Das Wasser aufkochen, sofort die Rucola hineingeben. Nach wenigen Sekunden vom Herd ziehen, die Eiswürfel dazugeben und rühren, bis diese geschmolzen sind. Nun fein mixen, mit dem Mehl in der Maschine zu einem krümeligen Teig verarbeiten und durch die Matritze für Fusilli pressen.

Den Salat waschen, abtrocknen und in Streifen schneiden. Das Zitronengras schneiden wir zu feinen Rädchen und dünsten es kurz in Olivenöl an. Jetzt die Hälfte des Maikönigs kurz mitdünsten und mit Brühe und Butter aufgießen. Cremig einkochen lassen, dann die Pasta und den restlichen Salat darunter schwenken. Anrichten und mit den Rosenblüten bestreuen.

Ein erfrischendes Sommergericht, vor allem das Zitronengras und die Blüten lassen die Sonne scheinen. Der Salat wirkt bei dieser Zubereitungsart eher spinatähnlich, ist aber trotzdem eine sehr erfrischende Komponente.

5. agro, fabio & gabriele

Zugegeben, ich war sicher auch nicht immer einfach. In meiner Laufbahn bin ich einigen begegnet, die einen Charakter hatten, der mit meinem nicht kompatibel war. Schon in der Schule hatte ich meine Probleme mit Vorschriften. Heute nicht mehr, denn ich mache sie mir selber. Wäre ich öfter einfach still geblieben, hätte ich es oft einfacher haben können in meinem Leben.

Aber es geht nicht darum, ein „hätte, wäre, wenn" zu erzählen. Ich bin froh für alles, was ich erleben durfte. Heute kann ich darüber lachen, auch wenn mich einige Personen noch lange in Gedanken und Träumen verfolgten. Man sucht sich aber gerne ein sogenanntes Feindbild. Das soll auch den Gruppenzusammenhalt stärken, so ein gemeinsames Feindbild. Das kann ich nicht bestätigen, ich habe auch in Teams ohne ein solches, einen starken Zusammenhalt erlebt. Man macht sich seine Feinde nur selber, indem man ihnen Beachtung schenkt. Tatsache ist, dass man immer jemanden findet, mit dem man nicht auskommt, wenn man will. Und je mehr man sich über ihn (oder sie) ärgert, desto schlimmer wird es. Ich brauchte lange, um das zu lernen.

Während meiner Zusammenarbeit mit den drei Kollegen, sah ich diese als meine Feindbilder an. Heute bin ich allen Dreien dankbar für das, was ich von ihnen gelernt habe. Aus der heutigen Sicht betrachtet, hatte ich sogar viel Spaß mit ihnen. Wenn ich an meine Auseinandersetzungen mit Gabriele denke, mein Arbeitgeber in Florenz. Dauernd durfte ich mir seine Sticheleien über Tiroler und Dolomitenbewohner anhören.

Wir könnten keine Risotti kochen, wir hätten keine Esskultur, wir kapieren nichts von Pasta undsoweiterundsofort ... Die üblichen Vorurteile über Gebirgsbewohner und Deutsche. Ich wurde von ihm „tirolese di merda", „crucco" und was weiß ich genannt. Die Übersetzung erspare ich dem, der es nicht verstehen sollte, ist nicht ganz so wichtig.

Nebenbei erwähnt, er kam immer ins Hochpustertal Urlaub machen. Er meinte es sicher nicht böse und wollte nur Spaß machen. Ich fasste das leider kaum als solchen auf, im Gegenteil. Ich begann, ihm Kontra zu geben, was sich natürlich als eher unproduktiv herausstellte. Das Resultat war, dass wir immer häufiger aneinander gerieten.

Trotz allem, als ich weg war, schien er mich zu vermissen. Eine Mitarbeiterin weinte, als wir meinen Abschied feierten. Sie meinte, ich sei in den zwei Jahren, in denen sie bei ihm gearbeitet hatte, der einzige gewesen, der sich traute, Gabriele einmal nicht Recht zu geben. Sie erzählte mir dann, dass er mit meinem Nachfolger keine große Freude hatte. Er sagte „Ich dachte immer, Mauro macht all die schönen Gerichte ... Stattdessen machte sie Markus. Seit er nicht mehr da ist, fehlt irgendetwas ..." Schön zu wissen, dass man geschätzt wird, oder?

Die geilste Aktion lieferte er aber, als sich ein paar Gäste einmal nicht zu benehmen wussten. Er hatte sie bereits mehrmals freundlich gebeten, den Krawall einzustellen, den sie veranstalteten. „Mir missfällt ihre Art, sich zu benehmen“ sagte er schließlich. Immer versuchend, sich höflich auszudrücken. Der Gast antwortete „Und mir gefällt ihr Hemd nicht!“ Da reichte es, er bat den ganzen Tisch, das Restaurant sofort zu verlassen. Der Gast weigerte sich. Da stellte Gabriele dem voll besetzten Lokal die Frage „Wer wünscht, dass diese Personen das Lokal verlassen?“ Alle hoben die Hand.

Als sich der Unruhestifter immer noch sträubte, hörten wir in der Küche laute Schreie und Radau aus dem Restaurant, dann konnten wir aus dem Küchenfenster beobachten, wie er den Gast am Hemd gepackt hatte und hinaus begleitete. Die Szene war echt filmreif und wurde vom Applaus der anderen Gäste noch untermalt.

„Raus hier, verschwindet. Ich will euer Geld nicht, verlasst mein Lokal!“ tobte Gabriele. Kurios war, dass der Frechdachs der einzige Italiener am hinausgeworfenen Tisch war. Alle anderen waren Amerikaner und hatten kein einziges Wort von der ganzen Diskussion verstanden. Sie wussten also nicht einmal, warum sie rausgeflogen waren. Gabriele hatte aus der Aktion zwar eine Riesen-Show gemacht, aber dafür hatte ich auf einmal etwas mehr Respekt vor ihm. Ich lernte daraus, dass der Spruch „Der Gast ist König“ von einem ungebildeten Gast stammen musste.

Zwei Jahre vorher in München, hatte ich viel mit mir selber und meiner Motivation zu kämpfen. Mit den meisten Mitarbeitern kam ich gut zurecht, ich habe heute noch sporadisch Kontakt mit einigen. Auch mit solchen, mit denen ich während der Arbeit nicht sonderlich gut auskam. Wer mir hängen blieb, war der Souschef. Er trug den Spitznamen „Agro“, ursprünglich wegen seiner Aggressivität. Der Name war mehr als passend. „Agrumi“ ist der italienische Name für Zitrusfrüchte, seine Stimme klang so, als hätte er dauernd welche davon im Mund. Schon bei unserer ersten Begegnung, reagierte er sauer, weil er zwei mikroskopische Spritzer heißen Wassers abbekam. Er war einer der wenigen in meinem Leben, der mich nicht nur zum Schreien, sondern auch zum Brüllen brachte. Auch der Küchenchef drehte oft durch, aber bei dem hatte ich aber zumindest das Gefühl, dass er Respekt vor dem Gegenüber hatte.

Agro musste stets über jeden herziehen, verstand immer alles besser. Stellte man ihm eine Frage, wie etwa „Kannst du mir bitte zeigen, wie man einen Hummer ausbricht?“ so bekam man die hämische Antwort „Wie, du hast noch nie einen Hummer ausgebrochen?“ Einmal ging der Patisserie ein Soufflé flöten (was durchaus passieren kann), dann tat er so, als hätten sie das mit Absicht gemacht. Er selbst bekam nicht mal ein simples Brioche richtig auf die Reihe.

Unsere Beziehung erreichte ihren Tiefpunkt an dem Tag, wo er mich bat „Herr Holzer, schneide mir doch bitte ein paar Raditschoschüliän!“ Ich kriegte Gänsehaut (Radicchio wird als „Radikkio“ ausgesprochen) und hörte mich (zugegeben etwas spöttisch) antworten „Sorry, was brauchst du? Radicchiojulienne?“ Dann legte er los „Ouh Mann, he ... Was willst du denn überhaupt? Du kannst in Italien Radikkio sagen, bei uns heißt das Raditscho. Du machst und kapierst ja sowieso nix!“ „Ja, ich stehe sowieso den ganzen Tag nur rum.“ „Das muss ja wohl so sein. Bist ja schon wieder in der Scheiße und hast noch nicht mal eine Prüfung!“ Autsch! Er hatte meinen wunden Punkt getroffen.

Daraufhin legte ich los und nannte ihn so ziemlich alles, was man seinen Vorgesetzten niemals nennen sollte. Ihr wisst schon, was ich meine. Später wurde ich ins Büro des Chefs zitiert und durfte eine längere Predigt über mich ergehen lassen, von wegen Respekt und Vorgesetzte. Jedenfalls schien dieses Ereignis beiden geholfen zu haben, danach verliefen die Arbeitstage viel harmonischer. Trotzdem hielt sich meine Trauer darüber, nicht mehr mit ihm arbeiten zu müssen, in Grenzen.

Einige Jahre später arbeitete ich in einem Südtiroler Hotel, das zwei Restaurants hatte. Davon trug eines einen Michelinstern und war kurz

davor, den zweiten Stern zu erhalten. Im anderen, auch ein sehr gutes Restaurant, war Fabio der Küchenchef. Eigentlich sollte ich als Patissier im Gourmetrestaurant anfangen, doch im anderen Restaurant war einer der Köche abgehauen. Somit traf es mich, als den zu letzt Angekommenen, dort einzuspringen. Natürlich war ich nicht sehr glücklich darüber. Zudem hatte Fabio die Eigenschaft, dass er ständig mir für alles die Schuld gab.

Ließ der Lehrling irgendwo ein paar Eier fallen, so bekam ich den Anschiss. War ich zu schnell, hatte er zu meckern, war ich zu langsam, maulte er mich ebenfalls an. Mittlerweile hatte ich jedoch gelernt, einfach still zu sein. Manchmal rauchten mir echt die Ohren vor Wut auf ihn, aber ich blieb ruhig. Hilfreich dabei war sicher, dass wir in einer offenen Küche arbeiteten und daher widerstrebte es mir, vor den Gästen auszuflippen. Genau das schien ihn besonders aufzuregen, denn wenn ich nicht antwortete, schnaubte er umso mehr. An die hundert Mal am Tag sagte er zu mir „ti odio" – „ich hasse dich". Er tat das nicht wirklich, denn wir sind heute noch sehr gute Freunde. Ich hatte den Eindruck, dass er einfach jemanden brauchte, um Dampf abzulassen.

Aus heutiger Sicht muss ich sagen, dass es eine Freude war, mit Fabio zu arbeiten. Wir hatten zwar unsere Auseinandersetzungen, aber genau seine Aggressivität war es, an der wir auch unseren Spaß hatten. Einmal wollte er sich während einer Unterhaltung im Team auf der Aufschnittmaschine abstützen und stieß sich dabei den Ellbogen. Er ballte die Faust und suchte rasch nach etwas, woran er seinen aufkeimenden Zorn darüber auslassen konnte. Leider war die nächstbeste freie Stelle mein Oberarm. Ich war nicht gerade ein schmales Männchen, mit 1,87 Metern und damals fast 90 Kilos, aber ich flog beinahe durch die Luft.

Wir lachten Tränen darüber, es war eine Szene wie aus einem Bud-Spencer-Film. Ich hätte ihm nicht mal böse dafür sein können. Natürlich lachte auch er mit, so schnell seine Wut aufkam, war sie auch wieder weg. Und so ganz nebenbei habe ich eine Menge von ihm gelernt. Er war es, der mir beibrachte, wie eine Nudelsauce auszusehen hatte. Darüber mehr im nächsten Kapitel.

tortelloni mit kalbsbriesfüllung,
pfifferlingen und thymianbutter

EINKAUFSLISTE

4 Personen

Briesfüllung

1 Bries vom Bio-Kalb (ca. 600 g), für 2–3 Stunden kalt gewässert
1 l Milch
1 Zweig Rosmarin
50 g Butter
1 Thymianzweig
1 Schalotte, in kl. Würfel geschn.
1 zerdrückte Knoblauchzehe
20 ml Brandy
150 ml Sahne
1 gekochte, passierte Kartoffel

Teig

450 g helles Weizenmehl
50 g Hartweizengrieß
4 Eier + Wasser (zusammen 230 g flüssiges), Mehl zum Ausrollen

Pfifferlinge

150 g Pfifferlinge, gesäubert
1 Knoblauchzehe
Olivenöl, Salz, Pfeffer, Thymian, Schnittlauch

Fertigstellung

50 g Butter
2–3 Thymianzweige
20 g frisch geriebenen Parmesan

ZUBEREITUNG ****

Das Kalbsbries in einem Topf mit der kalten Milch, 1l Wasser, dem Rosmarin und etwas Salz langsam aufkochen. Sobald es kocht, vom Herd ziehen und abkühlen lassen. Dann aus dem Sud nehmen und in kleine Stücke zerpflücken. In einem neuen Topf die Schalotte und den Knoblauch leicht in der Butter andünsten. Wir geben das Bries und den Thymian dazu, brutzeln es kurz mit an und löschen mit dem Brandy ab. Mit der Sahne aufgießen, für 10–15 Minuten köcheln und auskühlen lassen. Dann fein hacken, mit der Kartoffel vermischen und abschmecken.

Aus den Zutaten einen Teig herstellen, dann mit der Füllung zu Halbmonden (Schlutzkrapfen) verarbeiten. Diese nehmen wir dann an den Ecken und formen sie um einen Kochlöffel herum zu Tortelloni.

In einer Pfanne das Öl erhitzen, dann Pfifferlinge, Knoblauch und Thymian in die Pfanne geben. Wir schwenken die Pilze kurz durch und lassen die Flüssigkeit fast vollständig einkochen. Zum Schluss mit frischem Schnittlauch verfeinern.

Butter mit Thymian in einem Töpfchen aufschäumen lassen. Die Tortelloni kochen, auf Tellern anrichten und mit Parmesan bestreuen. Butter und Thymian ebenfalls über die Teigtaschen geben.

Viele rümpfen die Nase, wenn sie „Kalbsbries" hören, haben es aber nie versucht. Ich habe diese Tortelloni Freunden vorgesetzt und einfach nichts dazu gesagt, sie lobten sie in höchsten Tönen. Das hat mich veranlasst, diese in das Buch aufzunehmen.

rohnen-tagliolini
mit pesto und burrata

EINKAUFSLISTE

4 Personen

Tagliolini

300 g helles Weizenmehl
200 g Hartweizengrieß
120 g Rote Bete, gekocht und geschält, 2 Eier + evtl. Wasser (zusammen 230 g Flüssigkeit)

Basilikumpesto

100 g Basilikum
50 g Petersilie
20 g Pinienkerne
1 Knoblauchzehe
120 ml Olivenöl
50 g frisch geriebenen Parmesan
Salz, Pfeffer

Fertigstellung

200 g Burrata

ZUBEREITUNG *

Rote Bete und Eier abwiegen und evtl. etwas Wasser hinzufügen, damit wir auf 230 g Flüssigkeit kommen. Dann kneten wir alle Zutaten zu einem geschmeidigen Teig, den wir 10 Minuten in Folie eingewickelt ruhen lassen.

Wir rollen den Teig aus und schneiden ihn in Tagliolini (ca. 2 mm breite Streifen).

Die Pinienkerne rösten wir in einer beschichteten Pfanne ohne Fett oder Öl kurz an. Die Kräuter von den Stielen zupfen, waschen und schleudern. Dann kommen sie mit Knoblauch, Olivenöl, Pinienkernen und Knoblauch in den Mixer. Zum Schluss wird mit dem Parmesan, Salz und Pfeffer abgeschmeckt.

Die Tagliolini kochen wir in Salzwasser bissfest. Den Pesto erwärmen wir leicht in einer Metallschüssel über dem Nudelwasser. Nicht in der Pfanne wärmen, sonst verliert er sein Aroma. Die Pasta abgießen und in der Schüssel, mit dem Pesto schwenken. Wir richten sie auf den Tellern an und legen eine Scheibe Burrata darauf.

Dieses Gericht ist ein Kracher und kommt sowohl im Sommer als auch im Winter super bei euren Gästen an. Burrata ist eine Art gefüllte Mozzarella aus Süditalien. Richtig schön fett und gerade deshalb richtig geschmackvoll.

orecchiette mit kürbis,

speck und räuchertopfen

EINKAUFSLISTE

4 Personen

Orecchiette

300 g helles Weizenmehl
200 g Hartweizengrieß
3 Eier + Wasser
(zusammen 250 g Flüssigkeit)

Sauce

100 g Speck, in Streifen geschnitten
50 ml Weißwein
100 g Kürbispaste (Seite 24)
100 ml Fleischsuppe
30 g Butter oder Olivenöl
frische Thymianblätter
etwas Lebkuchengewürz
Salz, Pfeffer
50 g Ricotta affumicata (Räuchertopfen)

ZUBEREITUNG **

Die Eier abwiegen und evtl. etwas Wasser hinzufügen, damit wir auf 250 g Flüssigkeit kommen. Wir kneten alle Zutaten zu einem geschmeidigen Teig, den wir 10 Minuten in Folie eingewickelt ruhen lassen.

Wir rollen den Teig mit den Händen zu 1,5 cm dicken Strängen und schneiden diese in 1 cm große Stücke. Dann drückt man ihnen mit dem Daumen auf dem Tisch eine Mulde ein.

Den Speck braten wir kurz in einer Pfanne an und löschen mit dem Weißwein ab. Kürbis, Suppe, Thymian und Butter in die Pfanne geben und kurz einkochen lassen, würzen und dann die bissfest gekochten Orecchiette darin schwenken.

Zum Schluss auf den Tellern anrichten und die Ricotta affumicata darüber raspeln.

Auch an den „Oarwaschtlan“ wie man die Orecchiette auf gut Südtirolerisch nennt, klebt die Sauce immer wunderprächtig. Sie werden ähnlich wie die Cavatelli zubereitet.

6. warum klebt der sugo nicht an der Nudel?

Wer das erste Mal Nudeln kocht, kann das nicht wissen. Manch einer gießt die Pasta ab, leert passierte Tomaten darüber, rührt um und wundert sich, dass das Gericht nicht schmeckt. Ihr könnt euch schon denken, dass das in wenigen Worten mein erstes Pastakocherlebnis schildert. In meinen ersten Jahren als Küchenhilfe stand ich ab und zu am Herd, durfte Nudeln schwenken. Schon damals kam immer die Frage von Walter, einem meiner ersten Lehrmeister „Sind sie schön cremig?“ Zu Beginn verstand ich nicht einmal, was damit gemeint war. Über die Jahre aber entwickelte ich ein recht gutes Gefühl dafür.

Im Grunde geht es einfach darum, eine Emulsion herzustellen, sprich die Wasser- und Fettanteile der Sauce so gut wie möglich zu verbinden. Man kann die besten Zutaten in den Sugo werfen, aber wenn er nicht richtig cremig ist, so bleibt er einfach nicht an der Nudel haften. Resultat, die Sauce liegt am Tellerboden, die Pasta darauf und alles zusammen schmeckt nach...?

Hier erinnere ich mich gerne wieder an Fabio, es war eine harte Lehre bei ihm. Ich dachte eigentlich, ich könne halbwegs gut Nudeln kochen, aber er belehrte mich eines Besseren. Jeden zweiten Teller warf er mir zu Beginn zurück. Nicht einmal eine simple Spaghetti „Aglio-OlioPeperoncino“ konnte ich ihm recht machen. Ich kapierte anfangs nicht einmal, was er daran auszusetzen hatte.

Ich empfand es als normal, wenn sich am Tellerboden das Olivenöl und der Knoblauch sammelte, wie wahrscheinlich die meisten von euch. Er wurde nicht müde, mir zu erklären, wie die Sauce auszusehen hatte. „Jeder einzelne Tagliolino muss von seiner Sauce umgeben sein!“ schärfte er mir fast täglich ein. Die anderen Köche hatten schon eher Mitleid mit mir. „Schon klar, dass eine Sauce schön gebunden sein muss, aber er übertreibt es“ sagte einer. Doch irgendwas sagte mir, dass Fabio recht hatte und ich auf ihn hören sollte.

Nach und nach brachte er mir bei, dass die Sauce aus drei Hauptkomponenten bestehen musste, Wasser, Fett und... Luft. Hatte ich ein paar Nudeln in der Pfanne und es klebte noch nichts daran, waren immer folgende Schritte durchzuführen. Ein Tropfen Brühe, ein Tropfen Olivenöl und dann die Pasta in der Pfanne springen lassen und schwenken, bis der Arzt kommt. Dabei durfte ich kein zu kleines Kochgeschirr nehmen, sonst gab es immer eine Sauerei und eventuell auch einen Anschiss.

Es gibt mehrere Anzeichen, an denen man die perfekte Bindung erkennt. Beim Anrichten spritzt nichts mehr, man sieht weder Fett noch Wasser und die festen Bestandteile der Sauce (wie Fisch- oder Fleischstücke, Gemüsewürfel, Oliven) sind gleichmäßig in den Nudeln verteilt. Ich habe eine lange Zeit gebraucht, um hierfür ein Gefühl zu entwickeln. Heute höre ich mich genauso an wie Fabio, wenn ich einem Mitarbeiter das richtige Pastakochen beibringen will.

Darf's ein bisschen Fett sein

„Ha!" werden sich die Ernährungsexperten unter euch jetzt denken, nun zeigt er sein wahres Gesicht. Ja, jetzt rücke ich heraus damit. Fett gehört einfach überall hinein. Es ist der Geschmacksträger Nummer eins. Was Pasta betrifft, sind mir folgende Fette besonders wichtig „Olivenöl, Olivenöl und nochmals Olivenöl!" Bitte, spart niemals am Olivenöl, jedes Billig-Olivenöl ist definitiv ungesund und schmeckt auch nicht.

Mir wurde erst kürzlich einmal geschildert, was uns alles als „extra vergine" verkauft werden darf. Mir lief es eiskalt den Rücken runter, ich konnte es nicht glauben und fassen. Fragt euch einfach Folgendes, wieviel bleibt bei einem Billig-Olivenöl aus dem Supermarkt, Beispiel 4 Euro pro Liter, dem Bauern? Der Supermarkt verdient daran, der Großhändler, die Spedition, die Mühle und vielleicht noch der Bauer. Bei jedem Einzelnen ist der Staat auch mit dabei.

Mal allen Ernstes, kann da noch viel Gutes in der Flasche sein? Auch hier ist das Beste, ihr geht im Urlaub zu einem Bauern, der selber das Öl presst und kauft es ihm direkt ab. Dann hat er etwas davon und ihr habt eine erstklassige Qualität zu einem sensationellen Preis.

Olivenöl passt fast überall dazu. Was einen weiteren hohen Stellenwert in meiner Pastaküche hat, ist Butter. Nein, niemals Margarine, sondern Butter, ich bestehe darauf. Natürlich in Maßen genossen, das versteht sich von selbst. Selbstverständlich ist auch hier auf Qualität zu achten. Generell verwende ich für Fleisch- und Pilzgerichte eher Butter, für Fisch- und Gemüsegerichte Olivenöl.

Was ich versuche, zu meiden, das ist Sahne (Rahm, Obers, Schlag). Diese kommt nur ganz sporadisch zum Einsatz. Einmal, weil es mir selber etwa 3 Wochen auf den Magen schlägt, wenn ich eingekochte Sahne zu mir nehme. Außerdem finde ich, dass Sahne eher ein Geschmackstöter als ein Geschmacksträger ist. Einige kippen sogar in einen Risotto Sahne hinein. Unglaublich, da kann ich ja gleich Milchreis kochen.

Wer hat schon mal halbfetten Käse gegessen, oder halbfette Milch getrunken? Das schmeckt doch nach gar nichts. Fett alleine macht nicht krank, genauso wenig wie fettfreie Ernährung gesund macht. Es kommt immer darauf an, welches Fett und wie viel wir davon zu uns nehmen. Ich könnte nie auf Fett verzichten, schon gar nicht in meiner Küche. Abgesehen vom Geschmack, brauchen wir es, um eine Emulsion herzustellen, die dann auch an den Nudeln kleben bleibt.

Ohne Fett keine Bindung. Oder besser gesagt, versucht es einfach mal. Wie bereits erwähnt, es muss nicht viel davon sein, aber ganz weglassen, geht einfach nicht. Ich würde sagen, es ist wieder höchste Zeit, dass wir etwas zusammen kochen. Damit ihr endlich seht, es ist keine Sünde, mit Fett zu kochen.

Niemals Margarine, sondern Butter, ich bestehe darauf.

dinkel-maccheroni
mit ratatouille und gesalzener ricotta

EINKAUFSLISTE

4 Personen

Maccheroni

200 g Hartweizengrieß
400 g helles Dinkelmehl
210–220 ml Wasser

Ratatouille

300 g frisches Gemüse (Zucchini, Paprikaschoten, Erbsen, Champignons und was euch sonst noch einfällt)
200 g Tomatensauce (Seite 28)
Olivenöl zum Anbraten
20 g Honig
50 ml Olivenöl
1 Thymian- & 1 Rosmarinzweig
1 Knoblauchzehe
Salz, Pfeffer

Fertigstellung

80 g Ricotta salata

ZUBEREITUNG **

Die Zutaten in der Maschine zu einem krümeligen Teig kneten und anschließend durch die passende Matritze pressen.

Zucchini und Paprikaschoten waschen und in Würfel schneiden. Die Champignons säubern und halbieren oder vierteln. Das Gemüse in einem Topf mit Olivenöl kurz anbraten. Wir geben die anderen Zutaten, etwas Wasser dazu und lassen es für 2–3 Minuten köcheln.

Die Pasta kochen wir währenddessen bissfest (wie immer in Salzwasser) und geben sie dann zu unserem Gemüseeintopf.

Die Maccheroni auf den Tellern anrichten und die gesalzene Ricotta darüber reiben.

Zur Ricotta ist zu sagen, sie wird im Unterschied zu Quark oder Topfen nicht aus Milch, sondern aus Molke gewonnen. Es sind also vollkommen unterschiedliche Produkte, die aber gerne verwechselt werden. Oft bezeichne auch ich umgangssprachlich die Ricotta als „Topfen". Sie ist aber in der Konsistenz viel fester. Daher eignet sie sich auch zum Räuchern oder zum Einsalzen, wodurch sie „reibfähig" wird.

rucola-bandnudeln
mit tomatenpesto und kichererbsen

EINKAUFSLISTE

4 Personen

Kichererbsen

100 g getrocknete Kichererbsen,
1/2 Zwiebel, in Würfel geschn.
Olivenöl zum Anbraten
1 Thymian- & 1 Rosmarinzweig
1 Knoblauchzehe
Salz, Pfeffer

Rucola-Bandnudeln

400 g helles Weizenmehl
100 g Hartweizengrieß
150 g Rucola
2 Eier + Wasser (zusammen
230 g Flüssigkeit)

Tomatenpesto

100 g getrocknete Tomaten,
in Öl eingelegt
20 g Walnüsse
100 ml Olivenöl
50 g frisch geriebenen Parmesan
Salz, Pfeffer
Fertigstellung

ZUBEREITUNG ***

Die Kichererbsen weichen wir über Nacht in Wasser ein. In einem Topf die Zwiebel anschwitzen, die Kichererbsen kurz mit anschwitzen und mit Wasser aufgießen. Wir geben die Kräuter dazu und kochen die Kichererbsen weich (etwa 2 Stunden).

Die Rucola waschen, kurz dämpfen und in Eiswasser abschrecken. Dann ausdrücken, mit den Eiern abwiegen (230 g Flüssigkeit) und alles zusammen fein mixen. Mit dem Mehl zu einem Teig kneten und zu 6 mm breiten Tagliatelle verarbeiten.

Die Tomaten abgießen und mit Öl und Nüssen im Mixer fein aufarbeiten. Die Olivenölmenge variiert je nach Mixer, bei einem stärkeren Gerät braucht man weniger, bei einem schwachen um so mehr. Zum Schluss fügen wir den Parmesan dazu, dann schmecken wir mit Salz und Pfeffer ab.

In einer Pfanne erwärmen wir den Pesto, mit den abgegossenen Kichererbsen und schwenken die Tagliatelle in dieser Sauce.

Vielen ist nur der simple „Pesto alla genovese“, auch Basilikumpesto genannt, bekannt. Doch man kann ihn auf viele verschiedene Arten zubereiten. Diesen Tomatenpesto könnt ihr auch mit frischen Cocktailtomaten, anstelle der getrockneten Tomaten zubereiten. Diese einfach vorher kurz in Olivenöl anschwitzen.

buchweizen-tagliolini

mit hirschcarpaccio und zuckerschoten

EINKAUFSLISTE

4 Personen

Buchweizen-Tagliolini

340g feines Buchweizenmehl
80g helles Weizenmehl
80g Hartweizengrieß
4 Eier

Hirschcarpaccio

1 kleine Hirschnuss (300g)
Samenöl
Salz, Pfeffer, Thymian

Fertigstellung

200ml Hirsch- oder Kalbsjus (Seite 19)
50g Butter
100g Zuckerschoten
Maldon-Salz
Olivenöl

ZUBEREITUNG ***

Die Zutaten kneten wir zu einem Teig und verarbeiten diesen zu Tagliolini.

Das Öl erhitzen und die Hirschnuss von allen Seiten kurz darin anbraten. Dann mit Salz, Pfeffer und dem abgezupften Thymian würzen und im Backrohr bei 90 °C für ca. 30 Minuten braten (Kerntemperatur des Fleisches 48°C).

Von den Zuckerschoten ziehen wir die Fäden und dämpfen sie. Dann schneiden wir sie längs in Streifen. Den Hirschcarpaccio schneiden wir hauchdünn, verteilen ihn auf den Tellern. Wir würzen ihn mit etwas Maldon-Salz und ein paar Tropfen Olivenöl. Den Hirschjus in einer Pfanne wärmen und die Butter darin auflösen. Die Pasta kochen wir bissfest, schwenken sie mit den Zuckerschoten in der Hischsauce und richten sie auf dem Carpaccio an.

Wild und Gebirge, das gehört einfach zusammen. Wenn wir ehrlich sind, mehr „Bio“ als Wildfleisch geht doch fast nicht mehr. Die Tiere leben in freier Wildbahn und suchen sich ihr Fressen selber aus. Gebirgskräuter und frisches Quellwasser.

7. heimvorteil: warum wir bei bedarf italiener, österreicher und deutsche sind

Es hat durchaus Vorteile, Südtiroler zu sein. Ich bin zweisprachig aufgewachsen und konnte schon früh neben der deutschen auch die italienische Sprache lernen. Englisch kam erst später dazu. Wir haben neben Deutschen und Italienern auch noch Ladiner im Land. Die Lage zwischen deutschem und italienischem Sprachraum und die Vermischung der Sprachgruppen, hatte auch eine Vermischung der Kulturen zur Folge.

Angefangen bei der Sprache, ich glaube, ich erwähnte bereits, dass man als deutschsprachiger Südtiroler eine beeindruckende Sammlung italienischer Schimpfwörter in seinem Wortschatz mit sich trägt. Auch Ausdrücke wie „Patent“ (=Führerschein), „Hydrauliker“ (=Klempner) oder „Targa“ (=Kennzeichen) haben sich schon lange in unseren Sprachgebrauch eingeschlichen, sodass wir sie nicht mal mehr als Fremdwörter wahrnehmen.

Eine recht interessante Eigenschaft der Südtiroler ist ihr Opportunismus. Auf der einen Seite wird gegen den Italien gewettert, bei Bedarf sind wir dann doch wieder Italiener. Eventuell können wir aber immer noch zu den Österreichern rennen, damit diese doch bitte von ihrer Schutzmachtfunktion für uns Gebrauch machen. Zumindest unsere Politiker handhaben es so ähnlich.

Bei einer Fußball-WM halten dann aber wieder alle zu Italien oder Deutschland (vielleicht auch, weil die Österreicher nur sporadisch daran teilnehmen). Ich bin bekennender Tifoso, nicht aber, weil ich mich mehr als Italiener fühle. Auf dem Papier bin ich italienischer Staatsbürger und zahle meine Steuern in Italien. Doch ich bin deutscher Muttersprachler, kann mich alleine schon deshalb nicht als Italiener fühlen. Muss ich mich deswegen als Österreicher deklarieren? Nein! Als Deutscher? Nein! Muss ich mich überhaupt als irgendein Staatsangehöriger fühlen? NEIN! Dabei fühle ich mich sehr wohl und das ist doch das Wichtigste.

Klar, werde ich irgendwo gefragt, woher ich komme, dann versuche ich die Antwort an das Geographie-Verständnis meines Gegenübers anzupassen. Es hätte wenig Sinn, einem Peruaner lang und breit zu erklären, dass wir eine Provinz sind, die 1919 von Italien annektiert wurde und blablabla... Das interessiert doch niemanden. In dem Falle komme ich einfach aus Italien. Wichtig ist, dass wir selber wissen, wer wir sind.

Meiner Meinung nach, definiert sich unser Land vor allem über die kulinarischen Besonderheiten und die fleißigen Menschen. Sicher ist es auch berufsbedingt, dass ich dieser Ansicht bin. Jedenfalls habe ich festgestellt, dass in der Küche die Grenzen wirklich fließend sind. Wir können etwas von unseren südlichen Nachbarn, etwas von den nördlichen abzwacken, vermischen es und sind dabei noch authentisch. Warum? Weil man keinem Italiener eine Kombination aus Fisch und Knödeln abkaufen würde.

Ich behaupte, dass es für einen Deutschen wenig Sinn macht, Kartoffeln mit Oliven und Tomaten auf einem Teller zu servieren. Als Südtiroler, egal ob deutsch, italienisch, ladinisch oder zugewandert, sind wir regelrecht verpflichtet, Brücken zu bauen zwischen den Kulturen. In diesem Falle zwischen den Esskulturen. Wir haben einfach den Vorteil, dass wir sowohl an der italienischen, als auch an der alpenländischen Küche hautnah dran sind. Beide verstehen und stets hinterfragen können.

Somit ist es uns ein Leichtes, von beiden Seiten das heraus zu picken, was gut gemacht wird und wir können getrost das unter den Tisch fallen lassen, was weniger gut ist.

Wenn es darum geht, Pastagerichte zu erlernen, wende ich mich den Italienern zu. Ich freue mich, wenn ich eines Tages eines Besseren belehrt werde, doch bisher habe ich kaum einmal außerhalb des italienischen Staatsgebiets gute Pasta gegessen. Wenn es dagegen ans Brot

backen geht, halte ich mich lieber an die Deutschen, die Schweizer und die Österreicher. In Italien gibt es zwar gutes Weißbrot und Pizza (was ja auch ein Fladenbrot ist), dafür ist die Brotvielfalt nicht sehr groß. Im Alpenland versteht man etwas vom Fleisch, auf der Apenninhalbinsel vom Fisch. Italien ist ein Weinland, dafür hat man keine Bierkultur. Die sollten wir von den Bayern übernehmen, stammen wir doch von ihnen ab. An der Biervielfalt wird in unserem Land noch gearbeitet, dafür hat sich Südtirol, was den Wein angeht, sehr gut entwickelt.

Wir Südtiroler können uns vielleicht nicht entscheiden, wo wir hingehören und nehmen uns ziemlich wichtig für ein kleines Land, das nicht einmal halb so viele Einwohner hat wie etwa München. In vielen Dingen halten wir uns für die Besten. Glauben, einen eigenen Flughafen, eine eigene Uni, womöglich noch eine eigene Polizei und eine eigene Währung haben zu müssen. Wohlgemerkt, wir sind nur 500.000 Einheimische und nebenbei noch ziemlich starrköpfig. Vielleicht werden wir ja bald zu einem Freistaat, wer weiß. Den brauchen wir aber nicht, um uns unserer Besonderheiten bewusst zu werden.

Es sind zwei Dinge, von denen alle Gäste begeistert sind, die zu uns kommen. Unsere außergewöhnliche Natur und unsere exzellente Küche. Die Natur können wir lediglich pflegen und erhalten, die Küche können wir weiterentwickeln. Alpenländisches gepaart mit Mediterranem, gibt es auf diesem Niveau, ich lehne mich mal weit hinaus, nur bei uns. Ich bin jedenfalls sehr dankbar dafür, denn daraus ergeben sich mannigfaltige Gelegenheiten. Wir müssen jedoch weiter daran arbeiten. Egal ob Südtiroler oder der Rest der Weltler, es ist in Zukunft egal, zu wem wir gehören. Wichtig ist, was wir voneinander lernen können. Sei es auch nur die Wertschätzung unserer eigenen Besonderheiten.

Die Rezepte zu diesem Kapitel sind klassische Beispiele, für die Verschmelzung alpenländischer und mediterraner Küche.

schwarzbrotnudeln
mit speck, lauch und graukäse

EINKAUFSLISTE

4 Personen

Schwarzbrotnudeln

100 g Weizenmehl
50 g Hartweizengrieß
150 g Dinkelvollkornmehl
150 g altbackenes Schwarzbrot (Vinschgerl oder Breatl), vom Bäcker zu Bröseln gemahlen
5 Eier
Mehl zum Ausrollen

Sauce

30 g Butter
60 g Frühlingszwiebel, in 1–2 mm dicke Scheiben geschnitten
60 g Speck, in Streifen geschnitten
50 ml Weißwein
60 g Graukas (Graukäse, alternativ Gorgonzola)
200 ml Fleischsuppe
1 EL Schnittlauch

ZUBEREITUNG *

Wir leeren die drei Mehlsorten und die Brösel auf die Arbeitsfläche und machen eine Mulde in der Mitte, wo die Eier hinein kommen. Dann kneten wir alles durch, bis ein geschmeidiger, klumpenfreier Teig entstanden ist. Diesen rollen wir in Klarsichtfolie ein und lassen ihn für 20 Minuten ruhen. Anschließend rollen wir den Teig mit der Nudelmaschine aus und schneiden ihn in ca. 8 mm breite Streifen.

In einer Pfanne schmelzen wir die Butter, dünsten den Speck und den Lauch kurz darin an. Wir löschen mit dem Weißwein ab, geben die Fleischsuppe und den Graukäse in die Pfanne. Die Pasta kochen wir währenddessen 2–3 Minuten (je nach Dicke) in Salzwasser. Sobald der Käse fast geschmolzen ist, geben wir die Nudeln und den Schnittlauch dazu und schwenken sie in der Sauce, bis diese schön cremig ist.

Diese Pasta hat in den letzten Jahren einen regelrechten Boom erlebt, man findet sie auf immer mehr Speisekarten. Erstens ist sie praktisch, weil die Pasta ermöglicht, das trockene Schwarzbrot zu verwerten. Zweitens ist sie Paradebeispiel für die Verschmelzung von Tiroler Tradition („Breatl“) und mediterraner Kochkunst („Pasta“).

kartoffelteigtaschen
mit radicchiofüllung und pistazienbutter

EINKAUFSLISTE

4 Personen

Radicchio-Füllung

500 g Radicchio tardivo
(oder Radicchio trevisano)
1 Schalotte, in kleine Würfel geschnitten
Olivenöl
500 ml Rotwein
Salz, Pfeffer

Kartoffelteig

500 g mehlige Kartoffeln, gekocht und passiert
150 g Mehl
2 Eigelb
Salz, Muskatnuss
Mehl zum Ausrollen

Fertigstellung

40 g Pistazien, grob gehackt
50 g Butter
frisch geriebener Parmesan

ZUBEREITUNG ***

Den Radicchio grob zusammenschneiden. Die Schalotte in Olivenöl kurz andünsten, dann den Radicchio kurz mitdünsten. Wir gießen den Rotwein auf und lassen ihn vollständig einkochen. Dann hacken wir die Füllung (mit dem Messer oder dem Cutter) klein auf und schmecken sie mit Salz und Pfeffer ab.

Wir verkneten die Kartoffeln mit dem Eigelb und den Gewürzen. Erst zum Schluss kneten wir das Mehl darunter. Den Teig rollen wir mit dem Nudelholz dünn aus, stechen runde Kreise aus und geben etwas von der Radicchiofüllung in die Mitte. Wir falten sie zu Halbmonden und drücken diese mit einer Gabel leicht am Rand an.

Butter und Pistazien in einem Töpfchen zergehen lassen. Die Teigtaschen in kochendes Salzwasser geben, bis sie oben schwimmen. Dann auf Tellern anrichten, Parmesan darüberstreuen und mit Pistazienbutter übergießen.

Die einzigen Ravioli, die ich von Hand ausrolle, sind jene aus Kartoffelteig. Ihr könnt praktisch jede Füllung aus diesem Buch auch in diesen Teig einschlagen. Wichtig ist aber vor allem die Qualität der Kartoffeln, davon hängt mitunter das Gelingen des Teiges ab.

bockshörndlravioli
mit graukasfüllung und steckrüben

EINKAUFSLISTE

4 Personen

Bockshörndlteig

100g gesiebtes Bockshörndlmehl
200g helles Weizenmehl
200g Hartweizengrieß
4 Eier + Wasser (zusammen 230g Flüssigkeit)

Graukasfüllung

150g Ricotta
150g gekochte, passierte Kartoffeln
100g Graukäse, mit den Händen zerrieben
Salz, Pfeffer und Muskatnuss

Fertigstellung

200g grob geraspelte Steckrüben
50ml Olivenöl
25ml Balsamico
Salz
50g Butter
frisch geriebener Parmesan
Schnittlauch

ZUBEREITUNG ***

Die Eier abwiegen und evtl. etwas Wasser hinzufügen, damit wir auf 230g Flüssigkeit kommen. Wir kneten alle Zutaten zu einem geschmeidigen Teig, den wir 10 Minuten in Folie eingewickelt ruhen lassen.

Wir rühren alle Zutaten in einer Schüssel zusammen und schmecken ab. Dann verarbeiten wir sie mit dem Bockshörndlteig zu runden Ravioli.

Die Steckrüben mit Olivenöl, Balsamico und Salz abschmecken, dann auf die Teller verteilen.

Die gekochten Ravioli auf den Steckrüben anrichten und mit Parmesan, gebräunter Butter und Schnittlauch bestreuen.

Bei Bockshörndlmehl (Johannisbrotmehl oder Karubenmehl) werden in mir Kindheitserinnerungen wach. Ich bekam es immer von meiner Oma, um das Milchmus zu süßen. Diese Süße passt auch bestens zu einem typischen Tiroler Produkt, dem Graukäse.

8. warum parmesan (k)ein käse ist

Es ist eine furchtbare Unsitte. Ihr bekommt einen Teller Nudeln vorgesetzt, wonach wird verlangt? Parmesan! Gleich mal ein halbes Kilo auf die Pasta geschüttet, egal um welches Gericht es sich handelt. Ob damit der ganze Geschmack futsch ist, interessiert euch scheinbar nicht. Es ist euch schlichtweg wurscht, ob ich mich vorher bemüht habe, eine schön gebundene Sauce auf die Welt zu bringen, die einen delikaten Wildgeschmack hat oder mit Trüffeln verfeinert wurde. Ihr bezahlt dafür, dass ich euch ein Geschmackserlebnis liefere und ihr schaufelt es einfach mit Käse zu. Käse, vielleicht eine kleine Klammer auf dazu, ich kenne einige Leute, die keinen Käse mögen. Ja, sie verabscheuen ihn geradezu. Mit jeweils einer Ausnahme, Parmesan. Immer mit dem Argument, dass das kein Käse sei. Verlangt dagegen ein Italiener nach Parmesan, so sagt er niemals „parmigiano", sondern fast immer „formaggio", Käse also. Da soll sich noch einer auskennen.

Nicht falsch verstehen bitte, ich liebe Parmesan. Aber doch nicht überall. Auf Pasta, Ravioli, in die Suppe rein, auf das Fleisch, auf den Apfelstrudel, auf einer Kugel Schokoladeneis... aaaahhh! Mittlerweile ist er ja fast ein Grundrohstoff in der Küche, wie Olivenöl etwa. Er verleiht einem Risotto eine schöne Bindung, man kann dekorative Hippen daraus zaubern, wunderbare Fleischkrusten machen, Lasagne überbacken und natürlich auf die Nudeln geben.

Oft wird er jedoch lediglich aus Gewohnheit drauf geschaufelt. Genauso wie es viele Menschen gibt, die erstmal zum Salzstreuer greifen, ohne vorher überhaupt vom Essen einen Bissen zu probieren. Wer sagt euch, dass der Koch nicht schon vorher alles versalzen hat? Wenn ihr euch hier wieder erkennt, tut mir leid, dann habt ihr ein Geschmacksproblem. Könnt ihr ein Essen wirklich genießen? Oder ist es für euch simple Nahrungsaufnahme? Ist langsames, genussvolles Essen reine Zeitverschwendung aus eurer Sicht?

Essen ist keinesfalls nur Nahrungsaufnahme. Man ist, was man isst. Bedenkt, dass ihr mit der Nahrung die Bausteine für euren Körper aufnehmt. Darum schaut darauf, was ihr euch reinschiebt. Wenn ihr Mist esst, dann besteht euer Körper aus Mist. Seht euch an, was vor euch auf dem Teller liegt. Riecht daran und versucht zu erraten, woran es euch erinnert. Nehmt einen Bissen, kaut ihn langsam und erkennt die Zutaten, die darin sind. Gewöhnt euch das unbedingt an. Ihr werdet euch Fast-Food-Essen sehr schnell abgewöhnen. Zugegeben, hin und wieder haue auch ich in einen Burger rein. Hinterher kommt dann immer das schlechte Gewissen hoch, meinem Körper gegenüber. Dann brauche ich so schnell wie möglich wieder etwas Gesundes.

Jedes Volk hat so seine Eigenheiten, was das Essen angeht. Der Italiener braucht zu jedem Essen Brot und der Deutsche Salat. Der Asiate kann nicht ohne Reis, der Südamerikaner niemals ohne Mais. Die einen essen im Sitzen, andere im Liegen, die einen stehen, die anderen gehen beim Essen. Doch auf der ganzen Welt war es ursprünglich ein gesellschaftliches Ereignis. Ich sage bewusst WAR, weil dies meiner Ansicht nach zu verkommen droht.

Jedes Land hat seine gewohnten Essenszeiten, der Südländer später, der Nordländer früher. Alle rennen zur selben Zeit von der Arbeit zum Essen. Haben alle Hunger? Nein, es ist Mittagszeit. Dann sitzt jeder für sich, würgt sein Essen hinunter und rennt wieder zur Arbeit. Am Wochenende oder im Urlaub wird es dann genossen. Man setzt sich mit der Familie und Freunden an den Tisch, unterhält sich. Leider muss ich beobachten, dass dem nicht immer so ist. Mein Mountain Dining Resort befindet sich im Winter auf einer Skipiste. Die Menschen kommen alle um 9 Uhr zum Skiverleih und stehen dort Schlange. Um 9.30 Uhr verlagert sich die Schlange zur Liftkasse. Dann springen alle auf die Skier und warten am Lift. Um Punkt 12.30 Uhr rumpeln alle wie die wilden Tiere in die Restaurants und wollen schnellstens ihr Essen. Nachher stürmen wieder alle zeitgleich aus den Restaurants zu den Liften, um dort wieder Schlange stehen zu können. Natürlich müssen sie dazwischen auch auf Speis und Trank warten. Kalkuliert man mit ein, dass alle Gäste sowohl bei der Anreise als auch bei der Abreise für Stunden im Stau stehen, haben sie eigentlich den gesamten Urlaub mit Warten und Schlange stehen verbracht. **Sollte man seinen Urlaub nicht genießen?**

Mit dem Essen verhält es sich genauso. Sollten wir es nicht genießen? Hinsetzen, reinschaufeln, nachladen, mit Parmesan zuschaufeln, reinschaufeln, etwas Flüssigkeit nachleeren und wieder aufstehen. Denkt doch bitte endlich mal darüber nach. Genießt es als eine Insel der Erholung mitten am Tag, als ein Stück Urlaub im Alltagsstress und lasst es nicht Teil der Hektik werden. Lasst euch jeden Bissen auf der Zunge zergehen, tankt Energie. Wenn ihr mit eurer Familie, Freunden oder Arbeitskollegen esst, sprecht nicht über die Probleme, die ihr habt. Das schlägt euch nur auf den Magen. Unterhaltet euch übers Essen, schöne Dinge, den nächsten Urlaub und vieles mehr. Nehmt euch endlich Zeit, um zu leben. Schaut euch ab heute genau an, was ihr esst.

Auch Parmesan hat Wertschätzung verdient. Er ist leider verkommen als bloßes Würzmittel, das die meisten nur im geriebenen Zustand kennen. Meistens drei Wochen vorher gerieben und kaltgestellt, dann schmeckt er nur mehr nach ... Ihr wisst schon. Frisch geriebener Parmesan behält seinen Geschmack. Versucht ihn mal am Stück zu essen, mit etwas Feigensenf, Honig oder einem Tropfen Balsamico.

Einen richtigen Parmesan, meine ich, nicht nur einen billigen Reibkäse. Dazu natürlich einen Top-Balsamico, keinen Karamellsirup mit Weinessig. Beides hat eine gewisse Reifezeit und kann nicht innerhalb kurzer Zeit in einer Fabrik hergestellt werden. Denkt darüber nach, wenn ihr es esst. Wenn ich selber regelmäßig auf einem Acker mein Gemüse ernten darf, kann ich beobachten, wie es heranreift.

So entsteht eine ganz andere Wertschätzung und ich gehe mit den Produkten viel respektvoller um. Genießt also bitte euer Essen, denkt darüber nach, was ihr esst und überlegt es euch gut, bevor ihr das nächste Mal Parmesan auf eure Nudeln kippt ...

polenta-bandnudeln

mit rehragout und apfelchutney

EINKAUFSLISTE

4 Personen

Breite Bandnudeln (Pappardelle)

200 g Polentamehl
100 g helles Weizenmehl
200 g Hartweizengrieß
4 Eier + Wasser (zus. 250 g Flüssiges)

Rehragout

300 g Rehschulter & 120 g Wurzelgemüse (Zwiebel, Lauch, Karotte, Sellerie), jeweils in kl. Würfel geschnitten
Samenöl zum Anbraten
1 EL Paprikapulver
1 zerdrückte Knoblauchzehe
100 ml Rotwein
2–3 getrocknete Steinpilze
1/2 l Fleischsuppe,
3 Wacholderbeeren
1 Lorbeerblatt, 2 Thymianzweige
20 g Stärkemehl, Salz, Pfeffer

Apfelchutney

4 Golden Delicious-Äpfel
1 frische Chilischote, 30 g Zucker, 30 g Honig, 60 ml Weißwein, Salz, Saft + Schale von 1 Zitrone

Fertigstellung

50 g Butter

ZUBEREITUNG ****

Aus den Zutaten einen Teig bereiten. Diesen rollen wir aus und schneiden ihn in 2 cm breite Pappardelle.
Die Steinpilze in Wasser für 15 Minuten einweichen und fein hacken. In einem Topf erhitzen wir das Samenöl und schwitzen das Wurzelgemüse kurz darin an. Wir nehmen es aus dem Topf und braten dann das Fleisch kräftig darin an. Sobald ein schöner Bratensatz am Boden entsteht, fügen wir das Gemüse, den Knoblauch und das Paprikapulver dazu. Rösten es kurz mit und löschen mit dem Rotwein ab. Diesen lassen wir fast vollständig einkochen und bedecken dann alles mit der Fleischsuppe (oder Wasser). Jetzt kommen die Gewürze dazu. Wir lassen das Ragout ca. 30 Minuten köcheln und schmecken es mit Salz und Pfeffer ab. Das Stärkemehl lösen wir in wenig kaltem Wasser auf und rühren diese Masse langsam ins kochende Ragout ein.

Die Äpfel waschen, in 1–2 mm dünne Scheiben schneiden, die wir mit Zitronensaft beträufeln. In einem Topf lassen wir Zucker und Honig hell karamellisieren, fügen die Chilischote, die Zitronenschale bei und löschen mit dem Weißwein ab. Wir lassen alles kurz einkochen, dann kommen die Apfelscheiben dazu und kochen alles nochmal kurz auf. Sollte zu wenig Flüssigkeit im Topf sein, fügen wir ein wenig Wasser bei. Salzen und in ein sauberes Glas füllen.
Die Bandnudeln kochen wir bissfest in Salzwasser.
Das Ragout erwärmen wir in einer Pfanne und rühren die kalte Butter ein. Wir schwenken die Pasta darin, richten sie auf den Tellern an und geben einen Löffel Apfelchutney daneben.

Polenta gehört zum Norden Italiens einfach dazu. Hier wird sie in eine Pasta eingebaut und mit einem Wildragout serviert, welches traditionell zur Polenta gereicht wird. Diese Nudeln schmecken auch mit einer Käsesauce hervorragend.

farfalle mit melanzanefüllung
flusskrebsen und kresse

EINKAUFSLISTE

4 Personen

Melanzanefüllung

2 große Melanzane
Himalaya-Salz
80 ml Olivenöl
je 4 Salbeiblätter, Thymian- und Rosmarinzweige
2 Knoblauchzehen
50g Parmesan
50g Semmelbrösel

Teig

450g helles Weizenmehl
50g Hartweizengrieß
4 Eier + Wasser (zusammen 230g Flüssiges)
Mehl zum Ausrollen

Fertigstellung

500g Flusskrebse
50g Butter
50ml Gemüsebrühe
frische Kresse

ZUBEREITUNG ****

Die Melanzane halbieren wir der Länge nach und schneiden sie auf der Innenseite kreuzweise ein, ohne die Haut zu verletzen. Wir stecken in jede Hälfte, je 1 Kräuterzweig und 1/2 Knoblauchzehe. Würzen mit Himalayasalz und verteilen das Olivenöl darüber. Dann kommen sie bei 160°C für ca. 30 Minuten ins Backrohr. Anschließend entfernen wir die Kräuter, schaben das Innere mit einem Löffel heraus und hacken es fein. Wir binden die Füllung mit Parmesan und Semmelbröseln.

Einen Teig zubereiten und mit der Füllung zu rechteckigen Ravioli verarbeiten. Diese in der Mitte zusammenzwicken, sodass Farfalle entstehen.

Die Flusskrebse wie auf Seite 300 beschrieben zubereiten. Gemüsebrühe und Butter in einer Pfanne aufkochen lassen, dann schwenken wir die (wie immer bissfest) gekochten Farfalle mit den Flusskrebsen darin. Auf den Tellern anrichten und mit Kresse bestreuen.

Wer kein Melanzane- bzw. Auberginenfan ist, lässt sich vielleicht von dieser Füllung bekehren. Bei meinem Vater war es jedenfalls so. Gemeinsam mit den Flusskrebsen kommt richtig schönes mediterranes Feeling auf.

„tschurtschilan“
mit morcheln und fichtennadel-schaum

EINKAUFSLISTE

4 Personen

„Tschurtschilan“

100 g Weizenmehl
50 g Hartweizengrieß
150 g Dinkelvollkornmehl
150 g altbackenes Roggenbrot (Vinschgerl oder Breatl), vom Bäcker zu Bröseln gemahlen
5 Eier

Fichtennadel-Schaum

1 Schalotte, klein gewürfelt
Olivenöl
300 ml Gemüsebrühe
100 ml Weißwein
Salz, Pfeffer
100 g Sahne
10 g Fichtennadeln, fein gehackt
2 g Sojalecithin

Fertigstellung

150 g frische oder
60 g getrocknete Morcheln
Olivenöl, Salz, Pfeffer
1 Thymianzweig
1 Knoblauchzehe, gehackt
50 ml Weißwein
200 ml Fleischsuppe
80 g Butter

ZUBEREITUNG **

Die Zutaten kneten wir zu einem Teig, den wir dann mit den Händen zu 1,5 cm dicken Strängen rollen. Diese schneiden wir in 1 cm große Stücke. Dann drückt man sie mit dem Daumen auf ein Gitter und rollt sie herunter.

Wir schwitzen die Schalotte kurz in Olivenöl an und löschen mit dem Weißwein. Mit der Gemüsebrühe aufgießen und kurz kochen lassen, dann aufmixen. Vor dem Servieren, Sahne, Nadeln und Sojalecithin zur Sauce geben und mit dem Stabmixer nochmals richtig aufschäumen.

Die getrockneten Morcheln für 15 Minuten in Wasser einweichen. In einer Pfanne das Olivenöl erhitzen, die Pilze darin anbraten. Knoblauch und Thymian dazugeben und mit dem Wein löschen. Wir geben die Suppe mit der Butter dazu und lassen die Sauce cremig einkochen. Nun schwenken wir die bissfest gekochte Pasta darin, richten sie auf den Tellern an und geben den Schaum darüber.

Kaum ein Gericht hat so einen gewaltigen „Waldgeschmack“ wie dieses. Morcheln sind zwar sehr teuer, aber unübertrefflich im Geschmack. Der Fichtengeschmack bildet mit ihnen eine perfekte Symbiose. Dann noch ein paar Fichtenzapfen dazu (bei mir daheim Tschurtschen oder Tschurtschilan genannt), komplett ist der „Wald“.

9. ravioli(s) sind (nicht) immer rund

Mein Freund Agro diskutierte mit ein paar anderen Köchen, wie die richtige Bezeichnung für ein paar Teigtaschen in Halbmondform laute. Es schien ihm von großer Wichtigkeit zu sein, denn schließlich rief er mich und meinte recht schnippisch zu mir „Du müsstest das doch wissen, du bist doch Italiener!“ Ah ja, Vollblutitaliener, richtig, ich hatte es ganz vergessen. Meine erste Antwort lautete „Mezzelune“ was ihn nicht so recht befriedigte. „Nee, die heißen anders!“ Es sei vielleicht kurz erwähnt, dass das der italienische Ausdruck für „Halbmond“ ist…

Ich sagte, man könne sie auch „Schlutzkrapfen“ nennen, dann hieß es, die sehen anders aus. Mir fiel noch „Panzerotti“ ein, die Rückmeldung könnt ihr euch sicher schon vorstellen. „Weißt du denn nicht mal, wie Panzerotti aussehen?“ Nun, es sind Teigkreise mit gewelltem Rand, in deren Mitte man etwas Fülle gibt und sie zusammenfaltet, sodass ein Halbmond daraus wird, dachte ich mir. Warum fragte er eigentlich mich, wenn er schon der Experte war? Entnervt sagte ich „Im Zweifelsfalle sind es immer Ravioli.“ Daraufhin wurde er sogar laut „Nee, das sind keine Raviolis. Raviolis sind immer rund!“ Aha, danke.

Es mag schon sein, dass ich als italienischer Staatsbürger so meine Schwierigkeiten, mit den deutschen Übersetzungen hatte.
Im Deutschen gibt es zusätzlich zum männlichen und weiblichen Artikel einen sächlichen, welcher im Italienischen fehlt. Vielleicht bestehe ich daher darauf, dass es „der Risotto“ und „der Raviolo“ heißt. Im Plural heißt es dann „die Risotti“ und „die Ravioli“ streng bei der italienischen Ausdrucksweise bleibend.

So lässt es sich vielleicht erklären, dass es mir die Nackenhaare aufstellte, als ich in München auf dem Menü lesen musste „Offenes Ravioli vom Hummer“. Es klang für mich so ähnlich wie „verkochter Nudel“ oder „gekochtes Tafelspitze“… Man kocht keine „Spaghettis“, sondern „Spaghetti“. Wenn ihr nach Südtirol kommt, seht ihr oft vor dem Lokal eine Tafel stehen, wo als Überschrift „Heute – Oggi“ geschrieben steht. Bitte bestellt keine „Oggis“ – wir haben deutsche und italienische Gäste und schreiben alles zweisprachig an, somit könnt ihr euch vielleicht denken, was „oggi“ bedeutet ... Nicht jeder kann mehrsprachig sein, deshalb warne ich euch vor.

Meinetwegen könnt ihr auch weiterhin Raviolis und Makkaronis anstatt Ravioli und Maccheroni kochen. Ich wollte euch nur kurz veranschaulichen, welche Gefühle das im italienischen Teil meiner Seele hervorruft. Was die korrekten Bezeichnungen angeht, darüber lässt sich streiten. Tortelloni, Tortellini und Cappelletti haben alle die gleiche Form, unterscheiden sich jedoch in der Größe. Ab welcher Größe sagt man aber Tortellini und wie klein müssen Cappelletti sein? Wann genau spricht man von Tortelloni? Das weiß kein Mensch. Was in einer Stadt Lasagnette sind, heißt in einer anderen Tagliatelle und in wieder einer anderen Pappardelle.

Umgekehrt gibt es in meiner Heimat ein Gericht namens „Schlutzkråpfn“. In Osttirol „Schlipfkråpfn“ und in Slowenien „Schlikråfi“ (Ich habe hier die umgangssprachlichen Ausdrücke verwendet). Ist überall dasselbe damit gemeint? Nein! Offensichtlich aber haben alle den gleichen Ursprung. Sie alle variieren jedoch in Teig, Dicke, Form, Größe und Fülle. Sie haben nur eines gemeinsam, es handelt sich um sogenannte „Pasta ripiena“, gefüllte Teigtaschen also.

Wie kommt es, das sie dann alle gleich heißen? Vielleicht hatte eine Bäuerin gerade weder Spinat noch Topfen zur Hand und füllte die Taschen daher mit Kartoffeln oder Fleisch. Eine hatte ein schwereres Nudelholz, die andere ein leichteres. Die nächste ließ das Glas, mit dem sie die Teigkreise ausstechen wollte, fallen und musste improvisieren. Wahrscheinlich war in dem Augenblick nur eine Kuhglocke zur Hand, das würde erklären, dass die Osttiroler Schlipfkrapfen so groß sind, dass man mit zweien davon schon gegessen hat.

Ich habe oft erlebt, dass sich Köche um die korrekte Bezeichnung eines Pastagerichts stritten. Auch wurde ich von Gästen berichtigt, dass ich ihnen „Fettuccine“ und keine „Tagliatelle“ serviert hatte. Auf der Packung stand aber verdammt noch mal groß, deutlich und fett

Nee, das sind keine
Raviolis. Raviolis
sind immer rund!
Aha, danke.

„Tagliatelle"... Was lernen wir daraus? Im Prinzip ist es wurscht, wie wir unsere Nudeln nennen, solange wir keine Ravioli als Maccheroni bezeichnen oder Spaghetti mit Lasagne verwechseln.

Wichtig ist, dass bei der gängigsten Pasta der richtige Ausdruck verwendet wird. Wenn man schon ob des richtigen Namens zweifelt, wäre mein Vorschlag, einen eigenen Namen zu erfinden. Das kleinste Problem dürfte es sein, der Pasta eine etwas abgeänderte Form zu geben. Aus Teigfleckerln werden dann „Taschentücher", aus Teigtaschen werden „Handtaschen". „Gnocchetti Sardi" werden zu „Kellerasseln"... nein, letzteres ist vielleicht doch kein so guter Einfall.

Obwohl, vielleicht an Halloween? Oder an Ostern ein paar Gnocchi in Eierform? Zur Hochzeit ein paar „Trauringe"? Vielleicht zum Geburtstag eines Feuerwehrmanns ein paar „Bucatini" (das sind Spaghetti mit Loch) servieren und sie dann „Feuerwehrschläuche" nennen?

Lasst einfach eure Kreativität spielen und seid ruhig etwas kindisch. Habt einfach Spaß daran. Findet ihr einen spannenden Namen für ein Gericht, so hat das einen sehr großen Einfluss auf eure Gäste und kann das Essen mit zu einem tollen Erlebnis werden lassen.

schwarzbrot-ravioli
mit selchfleisch und trüffel

EINKAUFSLISTE

4 Personen

Teig

150g Weizenmehl
150g Dinkelvollkornmehl
150g altbackenes Schwarzbrot (Vinschgerl oder Breatl), vom Bäcker zu Bröseln gemahlen
5 Eier
Mehl zum Ausrollen

Selchfleischfüllung

500g Selchfleisch (gepökeltes Schweinefleisch)
40g Butter
100ml Weißwein
300ml Fleischsuppe
100ml Sahne
einige Tropfen Trüffelöl

Fertigstellung

1/2 Teelöffel Trüffelabschnitte, fein gehackt
100g Butter
100ml Fleischsuppe
Salz, Pfeffer
frischen weißen Trüffel
einige dünne Scheiben Selchfleisch

ZUBEREITUNG ****

Wir leeren die zwei Mehlsorten mit den Bröseln auf die Arbeitsfläche und machen in der Mitte eine Mulde, wo die Eier hinein kommen. Dann kneten wir alles durch, bis ein geschmeidiger, klumpenfreier Teig entstanden ist. Diesen rollen wir in Klarsichtfolie ein und lassen ihn für 20 Minuten ruhen.

Das Selchfleisch in Würfel schneiden und in der Butter anbraten. Dann löschen wir mit Weißwein ab, lassen diesen einkochen und gießen mit Fleischsuppe und Sahne auf. Wir lassen die Flüssigkeit fast vollständig einkochen, dann lassen wir das Fleisch durch den Fleischwolf. Nach Wunsch verfeinern wir die Fülle mit Trüffelöl und lassen sie auf Zimmertemperatur abkühlen. Kosten und evtl. nachsalzen.

Teig und Füllung zu runden Ravioli verarbeiten. Die Ravioli im Salzwasser bissfest kochen. Die Fleischsuppe lassen wir in einer Pfanne aufkochen und lösen die kalte Butter unter ständigem Rühren darin auf, bis die Sauce leicht bindet. Mit Salz und Pfeffer würzen. Wir geben die Ravioli und die Trüffelabschnitte in die Sauce, schwenken einmal kurz durch und richten alles auf den Tellern an. Dazu legen wir das ganz kurz angebratene Selchfleisch. Jetzt hobeln wir den frischen Trüffel darüber.

Wer es gerne deftig hat, kommt hier auf seine Kosten. Auf den ersten Blick mag die Kombination etwas ungewoht wirken. Doch der Geschmack des gesurten, geräucherten Fleisches passt super mit dem edlen Trüffelgeschmack und dem rustikalen Schwarzbrot zusammen.

tortelloni mit zanderfüllung
und erbsen

EINKAUFSLISTE
4 Personen

Zanderfüllung
4 Zanderfilets
Olivenöl
50g Meaux-Senf
3–4 Dillzweige
Salz, Pfeffer

Tomaten-Nudelteig
400g helles Weizenmehl
100g Hartweizengrieß
50g Tomatenmark
2 Eier + Wasser (zusammen 230g Flüssigkeit)

Fertigstellung
300g frische Erbsen
100ml Gemüsebrühe
20ml Olivenöl
Salz, Pfeffer
Granatapfelkerne

ZUBEREITUNG ****

Die Zanderfilets leicht mit dem Senf bestreichen und auf ein Stück geölte Alufolie legen. Mit den Dillzweigen belegen und die Folie verschließen. Den Fisch geben wir für etwa 10–12 Minuten bei 180°C ins Backrohr. Wir nehmen ihn aus der Folie und zupfen ihn in kleine Stücke.

Eier, Tomatenmark und Wasser abwiegen (230g), dann mit dem Mehl zu einem Teig verarbeiten.
Dann rollen wir den Nudelteig dünn aus und schneiden ihn in 8x8cm große Quadrate. In deren Mitte kommt jeweils etwas Fülle, dann falten wir sie übers Eck zusammen und rollen sie um den Finger zu Tortelloni.

Die Erbsen in einem Körbchen über Wasserdampf weich dämpfen, dann etwa ein Drittel davon mit der kochenden Gemüsebrühe und dem Öl mixen.
Zusammen mit den restlichen Erbsen aufkochen und würzen. Die gekochten Tortelloni auf den Tellern anrichten, die Erbsensauce darübergeben und mit den Granatapfelkernen bestreuen.

Zander ist meiner Ansicht nach einer der leckersten Süßwasserfische. Verwendet man Fisch, wie hier als Raviolifüllung, so sollte man darauf achten, dass er nicht zuviel vorgegart wird, weil er ja nochmal ins kochende Wasser kommt.

kastanien-agnolotti
mit mandeln, mohn und taleggio

EINKAUFSLISTE

6–8 Personen

Taleggio-Mandelfüllung

200g Taleggio
200g Ricotta
50g Mandeln
Salz, Pfeffer, Muskatnuss

Kastanienteig

100g Kastanienmehl
250g helles Weizenmehl
50g Hartweizengrieß
2 Eier + Wasser (zusammen 230g)

Fertigstellung

50g Butter
40g Mohn
20g Mandelblättchen

ZUBEREITUNG **

Die Mandeln fein hacken und mit den anderen Zutaten in einer Schüssel vermischen. Mit Salz, Pfeffer und Muskatnuss abschmecken.

Die Zutaten kneten wir zu einem Teig und verarbeiten ihn mit der Füllung wie Halbmonde oder Schlutzkrapfen. Nur wird hier nicht ausgestochen, sondern es werden die einzelnen Ravioli einfach mit einem Teigrad auseinander geschnitten.

In einer Pfanne rösten wir erst die Mandelblättchen leicht an. Die Ravioli kochen wir in Salzwasser, richten sie auf den Tellern an, bestreuen sie mit Mohn und den Mandelblättchen. Mit schäumender Butter übergießen und vollenden.

Nein, dabei handelt es sich nicht um eine Süßspeise. Diese Zutaten lassen dies zwar vermuten, doch hier brechen wir einmal aus gewohnten Bahnen aus und „bauen“ Kastanien, Mandeln und Mohn zu einem Pastagericht zusammen, das uns in Staunen versetzt.

10. je tiefer das tal, desto besser die kartoffeln

Wie ich sicher schon erwähnte (ich erwähne es laufend, es wäre ein Wunder, wenn ich es nicht schon getan hätte), lebe ich im Pustertal in Südtirol. Genau gesagt, in Innichen. Wie fast jedes Dorf in Südtirol, hat es auch einen italienischen Namen, San Candido. Das solltet ihr wissen, wenn ihr mein Dorf in euer Navigationsgerät eingeben wollt, denn manche haben leider nur den italienischen Namen gespeichert.

Unsere italienischen Gäste bezeichnen Innichen als „cittadina", das kleine Städtchen. Wir haben immerhin eine Fußgängerzone, was keine Selbstverständlichkeit ist, für ein 3000-Seelen-Nest. Zudem haben wir zwei Kirchen nebeneinander in der Mitte des Dorfes. Die zwei Kirchtürme sind so etwas wie unser Wahrzeichen, es wird sie früher schon gebraucht haben. Es scheint so, als hätte bei uns besonderer Missionierungsbedarf bestanden. Bei uns gibt es außerdem eine Skipiste, die mitten ins Dorf geht. Wir haben einen wunderschönen Hausberg, den Haunold. Es gibt elektrischen Strom, Fernsehen, Radio, Telefon und sogar Internet.

Ich liebe meine Heimat und bin dort fest verwurzelt, weil ich sie einfach schön finde. Zu schätzen lernte ich Innichen erst richtig, als ich in München und Florenz gearbeitet hatte. Stellt euch vor, ihr kommt mitten in der Nacht in eure Heimat und erkennt auf einmal, dass über euch Sterne sind. Ihr habt sie seit Monaten nicht mehr gesehen und auf einmal erblickt ihr sie wieder. Wer in einer Stadt oder in unmittelbarer Nähe davon lebt, weiß wovon ich rede. Ihr atmet auf einmal frische, saubere Luft (manchmal gesellt sich ein Hauch von Gülle dazu, aber das kommt überall auf dem Lande vor).

Was uns von den bekannteren Gegenden Südtirols, etwa dem Meraner Land, dem Etschtal, dem Eisacktal oder dem Überetsch unterscheidet, ist vor allem die Vegetation. Vom Rest Südtirols werden wir als „Sibirien" des Landes angesehen, ganz im Osten und furchtbar kalt. Ganz so schlimm ist es auch nicht. Es gibt immer zwei Möglichkeiten, entweder man beschwert sich darüber, was einem fehlt, oder man lernt die Dinge zu schätzen, bei denen man im Vorteil ist.

Tdi
DEFENDER

Wir haben einen nicht zu heißen Sommer und einen halbwegs ordentlichen Winter mit Schnee und was so dazu gehört. Im Pustertal werden weder Wein noch Äpfel angebaut. Ist das ein Nachteil? Ich glaube nicht, denn das hat den Vorteil, dass unser Tal plantagenfreie Zone ist. So schön die Äpfelbäume während der Blüte sein mögen, es sieht absolut furchtbar aus, wenn sie mit Hagelnetzen überspannt werden, was leider immer häufiger vorkommt. Dasselbe gilt für Weinberge, ich trinke zwar gerne Wein, aber deswegen muss ich Weinberge nicht schön finden …

Dafür haben wir Kartoffeläcker, auf denen die besten Kartoffeln der Welt wachsen. Man nennt sie bei uns „Earepfl“, also „Erdäpfel“. Ich freue mich im Herbst immer auf das Einkellern derselben. Normalerweise reicht die Ladung in meinem Keller, bis zum Sommerbeginn. Länger halten sie sich leider nicht. Dann folgen zwei magere Monate, in denen es fast unmöglich ist, eine gute, geschmacksreiche Kartoffel zu finden. Im Winter können wir sie dafür genießen, in allen möglichen Formen.

Als Brat- bzw. Röstkartoffeln, Ofenkartoffeln, gratiniert, püriert, gedämpft, gekocht und natürlich als Pasta … Wie, Pasta? Ja, Kartoffelgnocchi, Schupfnudeln und Kartoffelteigtaschen zählen für mich zu Pasta, weil sie wie Nudeln zubereitet werden. Kartoffeln haben einfach etwas Nostalgisches an sich. Früher baute sie jeder Bauer an und den ganzen Winter über aß man sie. Man ging in den Keller mit gestampftem Erdboden, holte Speck und Erdäpfel herauf. In meiner Gegend das klassische Selbstversorgergemüse. Was aß man denn nur, bevor die Kartoffel zu uns kam? Kaum mehr vorstellbar, oder?

Ach, beim Gnocchi machen fällt mir doch jedes Mal die Kellnerin in München ein, die in die Küche kam und bei mir einmal „Knotschis Supplement“ bestellte. Ich sah sie fragend an, was sie damit wohl meinte. „Knocki? Oder Nockis?“ versuchte sie es abermals. Vielleicht stellte ich mich auch absichtlich blöd, aber ich brauchte eine Weile, bis ich verstand, dass sie Gnocchi damit meinte … Es würde den Rahmen dieses Kapitels sprengen, um alle Lautvarianten des Wortes Gnocchi

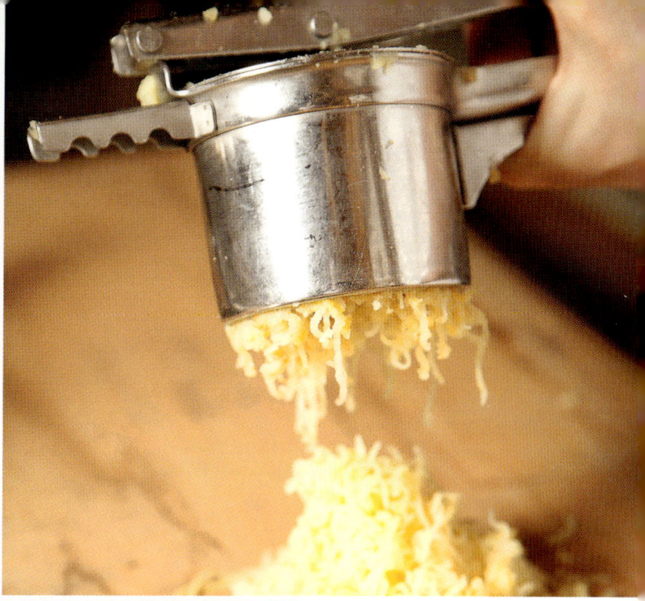

aufzuzählen, die ich schon zu hören kriegte. Die korrekte Aussprache lautet jedenfalls „Njokki".

Viele von euch sind wahrscheinlich von den Supermarkt-Gnocchi geblendet, welche entweder nur nach Teig, nach Mehl oder nach gar nichts schmecken. Sobald man sie in den Mund schiebt, verwandeln sie sich in eine klebrige Masse, die man weder ausspucken noch hinunterschlucken kann. Das Wichtigste für hervorragende Gnocchi sind, wie könnte es auch anders sein, hervorragende Zutaten. Damit meine ich beste Kartoffeln, Mehl und Eier.

Für die Verarbeitung ist es wichtig, dass die pürierten Kartoffeln so trocken wie möglich sind. Am besten ist, wenn man sie bei trockener Hitze im Ofen gart (so etwa eine Stunde bei 180°C), dann kommt kein Wasser in ihre Nähe. Alternativ kann man sie dämpfen, man sollte sie aber nicht unbedingt kochen. Wichtig ist vor allem, dass man die Kartoffeln in der Schale gart und sie erst im gekochten Zustand schält.

Ihr drückt sie noch im heißen Zustand durch die Kartoffelpresse (wenn sie kalt sind, verbiegt ihr die Presse). Aber bei guten Kartoffeln, klappt das Passieren auch im kalten Zustand mit dem Fleischwolf. Auch was die weitere Verarbeitung betrifft, gibt es verschiedene Theorien. Was mich betrifft, so achte ich nur darauf, dass ich erst das Eigelb gut vermenge (sofern ich welches beifüge) und das Mehl erst in die kalte Kartoffelmasse eingearbeitet wird. Danach ist der Teig rasch zu verarbeiten, wenn man ihn nicht an den Händen, sondern im Topf haben will. Ihr werdet begeistert sein, wie locker Gnocchi sein können.

kartoffelgnocchi
mit garnelen und zucchini

EINKAUFSLISTE

4 Personen

Kartoffelteig

500 g mehlige oder violette Kartoffeln, gekocht und passiert (Seite 15)
150 g Mehl
2 Eigelb
Salz, Muskatnuss

Sauce

12 Garnelen, geschält und ohne Darm
2 Zucchini, in Würfel geschnitten
100 g Tomatensauce oder Cocktailtomaten
1 Schuss Weißwein
1 Schuss Brandy
1 Knoblauchzehe, fein gehackt
Salz, Pfeffer
Olivenöl

Pesto

(Seite 76)

ZUBEREITUNG ***

Wir verkneten die Kartoffeln mit dem Eigelb und den Gewürzen. Erst zum Schluss kneten wir das Mehl darunter.
Den Teig rollen wir ca. 2 cm dick aus. Schneiden ihn in 2 cm breite Streifen und rollen diese kurz, sodass sie rund werden. Die Stränge legen wir jetzt nebeneinander her und schneiden sie in 1 cm große Gnocchi (siehe Seite 127/128).

Die Zucchiniwürfel mit Olivenöl gut anbraten und beiseite stellen. Dann geben wir die Garnelen (evtl. etwas aufgeschnitten) in die Pfanne, würzen diese und braten sie ebenfalls gut an. Wir geben den Knoblauch dazu, löschen mit Weißwein und Brandy ab. Dann fügen wir die Tomaten und etwas Kochwasser der Gnocchi dazu, lassen die Sauce bis zur gewünschten Konsistenz einkochen.

Die Gnocchi werden in Salzwasser gekocht, bis sie oben auf schwimmen. Zur Sauce geben und cremig schwenken. Auf den Tellern anrichten und etwas Pesto darüber träufeln.

Die meisten kennen Gnocchi nur als zähe, fertig gekaufte Teigklumpen. In Wahrheit sind Gnocchi etwas Wunderbares. Sie lassen sich mit beinahe jeder Nudelsauce kombinieren. Und die Sauce hängt immer an ihnen ...

kastanien-kartoffelschupfnudeln

mit entenragout

EINKAUFSLISTE

4 Personen

Schupfnudeln

500 g gekochte und passierte Kartoffeln (Seite 15)
50 g Kastanienmehl
120 g helles Weizenmehl
2 Eigelb
Mehl zum Verarbeiten

Entenragout

2 Entenkeulen
100 g Wurzelgemüse, in Würfel geschnitten
Samenöl zum Anbraten
100 ml Weißwein
20 g Preiselbeermarmelade
1 Thymianzweig, 1 Salbeiblatt
1 Knoblauchzehe
20 g Stärke
Salz, Pfeffer

Fertigstellung

30 g Butter

ZUBEREITUNG ***

Wir verarbeiten die Kartoffeln mit dem Eigelb und den Gewürzen. Erst zum Schluss kneten wir das Mehl darunter. Den Teig 2 cm dick ausrollen und in 2x2 cm große Würfel schneiden. Diese rollen wir dann mit den Händen zu Schupfnudeln.

In einem Topf die Entenkeulen mit wenig Öl anbraten, heraus nehmen und bei 160°C für etwa 25 Minuten ins Backrohr geben. Dann das Gemüse im Topf anbraten, die Marmelade und die Kräuter dazugeben und etwas karamellisieren lassen. Wir löschen mit dem Wein und gießen mit etwas Wasser auf. Sobald die Keulen gar sind, entfernen wir die knusprige Haut, zupfen das Fleisch in Streifen und geben es zur Sauce. Die Haut schneiden wir in Streifen und legen sie beiseite. Die Sauce abschmecken, dann binden wir sie mit in wenig Wasser aufgelöster Stärke, die wir mit einem Schneebesen in die kochende Sauce einrühren.

In die Entensauce rühren wir die kalte Butter ein. Die Schupfnudeln kochen wir in Salzwasser, bis sie oben schwimmen und schwenken sie mit dem Ragout. Anrichten und mit der Haut bestreuen.

Schupfnudeln habe ich noch als Pasta durchgehen lassen, obwohl sie etwas total Alpenländisches sind. Kombiniert mit einem Ragout aus Enten, schlagen wir aber wieder die Brücke zu den Italienern. Bei denen ist jegliche Art von Fliegern, wie Fasane, Gänse, Enten oder Wachteln sehr beliebt.

kartoffel-cannelloni
mit brennnesseln und almkäsefonduta

EINKAUFSLISTE

4 Personen

Brennnessel-Füllung

300g junge Brennnesselblätter
150g Topfen
1 gekochte, passierte Kartoffel
1 Zwiebel, in kleine Würfel geschnitten
1 zerdrückte Knoblauchzehe
50g Butter
Salz, Pfeffer, Muskatnuss

Kartoffel-Cannelloni

500g mehlige Kartoffeln, gekocht und passiert
150g Mehl
2 Eigelb
Salz, Muskatnuss
Mehl zum Ausrollen

Almkäsefonduta

100ml Sahne
100ml Milch
200g gereifter Almkäse nach Wahl
Salz, Muskatnuss

ZUBEREITUNG ***

Wir waschen die Brennnesselblätter gut und trocknen sie mit der Salatschleuder. Die Zwiebel und den Knoblauch dünsten wir kurz in der Butter an. Wir geben die Brennnesselblätter dazu, bis sie etwas zusammenfallen. Ein wenig auskühlen lassen und fein hacken. Dann geben wir alle Zutaten in eine Schüssel, vermischen diese gründlich und schmecken ab.

Wir verarbeiten die Kartoffeln mit dem Eigelb und den Gewürzen. Erst zum Schluss kneten wir das Mehl darunter. Den Teig rollen wir mit dem Nudelholz dünn aus. Schneiden uns beliebig lange, 8cm breite Streifen zurecht. Darauf die Füllung der Länge nach mit dem Spritzsack auftragen und einrollen. Auf die gewünschte Länge zuschneiden. Wir dämpfen die Cannelloni etwa 10 Minuten in einem Topf mit Dämpfkörbchen.

Den Almkäse evtl. entrinden und in Würfel schneiden. Wir kochen Sahne und Milch miteinander auf, geben den Käse dazu und schalten die Hitze ganz zurück. Die Sauce sollte nicht mehr kochen, es soll nur der Käse schmelzen. Etwas nachsalzen und mit Muskatnuss abschmecken. Dann die Cannelloni auf den Tellern anrichten und mit Fonduta übergießen.

Kartoffelteig kann natürlich auch in Röhrenform genossen werden. Mag ungewohnt erscheinen, es ist jedoch eine leckere Variante zu den „herkömmlichen" Cannelloni. Anstelle der Brennnesseln verwenden wir auch andere Wildkräuter oder einfach Spinat.

11. die heiligen drei zinnen

Jedes Gebirgsdorf hat so seinen Hausberg. Zermatt sein Matterhorn, Garmisch seine Zugspitze, Chamonix den Mont Blanc, Innichen den Haunold. Natürlich ist jeder im Dorf der Meinung, der Berg gehöre nur ihnen. Näher betrachtet, verläuft über schöne hohe Berggipfel fast immer eine Grenze. Egal, ob Staats-, Provinz- oder eine einfache Gemeindegrenze, man muss sich den Gipfel immer mit jemandem teilen. Auf der Rückseite nennt man das Matterhorn Monte Cervino. Deutschland muss sich seinen höchsten Berg mit den Österreichern teilen. Die andere Hälfte des Mont Blanc nennt man Monte Bianco. Sogar Innichen muss sich den Haunold mit dem Nachbardorf Toblach teilen.

Den Toblachern ist der Haunold relativ egal. Sie haben ja ihre Drei Zinnen, die man zwar vom Dorf aus nicht sehen kann, aber die ihnen „gehören". Die örtliche Sennerei trägt den Namen der Drei Zinnen. Der Naturpark, die Tourismusvereine des Hochpustertales haben sie im Logo. Die Alpenvereinssektion benennt sich nach ihnen, Restaurants, Hotels und Geschäfte tragen ihren Namen.

Im deutschen Sprachraum, mit den Drei Zinnen bekannt geworden, ist aber nicht Toblach, sondern ein anderes Dorf im Hochpustertal, Sexten. Sie tragen das Bild der Drei Zinnen sogar im Wappen. Die meisten unserer Gäste denken bei den Drei Zinnen zuallererst an Sexten und nicht an Toblach. Das Lustige dabei ist, Sexten grenzt nicht einmal an die Drei Zinnen, man sieht sie ebenfalls nicht vom Dorf aus. Die einzige Verbindung ist, dass man das Gebiet, in dem sie stehen, „Sextner Dolomiten" nennt.

Wie vorhin erwähnt, verläuft über jeden ordentlichen Berg eine Grenze. Die Drei Zinnen liegen an der Grenze zwischen Südtirol und Venetien, die „Rückseite" gehört also zur Gemeinde Auronzo di Cadore. Wenn man das Ganze noch näher betrachtet, so steht die größte Erhebung davon, die Große Zinne, nicht mal in Südtirol. Da die Nordwand einen riesigen Überhang hat, ragt nur der Gipfel zu uns hinein. Es ist also eigentlich unnütz, wenn sich Toblach und Sexten

Ich weiß, dass es auch euch egal ist, wo die Drei Zinnen stehen.

um die Drei Zinnen streiten, denn sie gehören keinem von beiden. Ich würde sagen, sie gehören auch nicht den Auronzanern, sondern sie stehen einfach da und alle können sich an ihrer Schönheit erfreuen. Die Grenzen existieren nur in unseren Köpfen. Jedem Murmeltier ist es schlichtweg egal, in welchem Land es seinen Bau gräbt.

Ich weiß, dass es auch euch egal ist, wo die Drei Zinnen stehen. Wer sie ansieht, der genießt einfach den Anblick und lässt ihn auf sich wirken. Worauf ich hinaus will, ist Folgendes, auch in der Küche ist es egal, wer ein Gericht erfunden hat. Deswegen gehört es ihm noch lange nicht.

Keiner kann von sich behaupten, dass er den Anspruch hat, ein Gericht erfunden zu haben. Weder die Kochlegenden, wie ein Paul Bocuse, ein Eckart Witzigmann, ein Gualtiero Marchesi, ein Ferran Adriá oder ein Markus Holzer. Die meisten „neuen" Gerichte entstehen entweder beim Aufbrauchen von Lebensmitteln, aus Neugierde oder aus einer notdürftigen Situation. Wie sonst kommt man auf die Idee, Fleischreste klein zu hacken und zusammen mit etwas Wurzelgemüse und Tomaten eine „Sauce Bolognese" zu zaubern?

Oder ein paar bunte Geleestäbchen auf einem Teller als „gemischtes Gemüse" zu bezeichnen? Gott bewahre, natürlich bewundere ich die vorhin erwähnten Köche. Sie sind wahre Künstler und haben sicher das eine oder andere Gericht „erfunden"... Aber haben sie die Garantie, dass es nicht schon jemand vor ihnen bereits einmal gemacht hat? Nein. Ich kann dasselbe Gericht nachkochen, ändere eine Kleinigkeit, dann kann ich auch von mir behaupten, eine neue Speise erfunden zu haben. Das lässt sich genauso wenig definieren, wie die genaue Zugehörigkeit der Drei Zinnen.

Keine Ahnung, was genau an meiner Küche südtirolerisch, italienisch, deutsch, österreichisch oder schweizerisch ist. Ich kann euch auch nicht sagen, ob es richtig ist, Spaghetti al dente zuzubereiten oder ob es richtig ist, sie für zwei Stunden zu kochen. Wer nicht gerne kaut,

bevorzugt sicher letztere Methode. Pasta wurde ja auch nicht in Italien erfunden, sondern, der Legende nach, von einem Mann namens Marco Polo aus China importiert.

Eine weitere Legende besagt, dass die französische Küche ihren Ursprung mit den italienischen Köchen nahm, welche die spätere französische Königsgemahlin Caterina de' Medici mit nach Frankreich importierte. Wohlgemerkt, es handelt sich um Legenden, spinnen wir diese Gedanken weiter. So könnte man meinen, die „Haute Cuisine" entstammt der Chinesischen Küche ...

Das einzige, was wir mit Sicherheit sagen können, dass alle unter wechselseitigem Einfluss stehen und sich dabei ständig Neues entwickelt. Resultate sind dann Gerichte wie ein „Bachforellen-Sushi", „Sojanudeln alla Carbonara" oder ein „Oktopus-Gulasch". Ob das Neue dann ein Stuss ist oder etwas Verwertbares, liegt immer am Auge des Betrachters, beziehungsweise am Gaumen des Genießers.

So entstehen laufend neue Staaten und Gebiete, durch neue, von irgendwem willkürlich festgelegten Grenzziehungen. Die Grenze zu Österreich, nahe der ich wohne, entbehrt jeglicher Logik. Weder ein Pass, ein Grat noch ein Fluss lässt diese Grenze ersichtlich werden. Mir ist im Prinzip auch egal, in welchem Staat ich lebe, solange ich nicht beiden meine Steuern zahlen muss.

Trotzdem hat diese Grenze (und auch andere) einen großen Einfluss in unseren Köpfen. So großen, dass man sinnlos Kriege darum führte und führt. Anstatt sich darauf zu besinnen, was man gemeinsam hat und wie man voneinander profitieren könnte. So wie die Italiener die Pasta von den Chinesen abschauten. Heute werden sie überall als die Wiege der Pasta angesehen. Haben sie den Chinesen deswegen etwas weg genommen? Ganz bestimmt nicht.

„puschtra bluitnudl"
mit jungem Spinat und Graukäse

EINKAUFSLISTE

6–8 Personen

Blutnudeln

450g helles Weizenmehl
50g Hartweizengrieß
120ml frisches Schweineblut
2 Eier

Fertigstellung

200g junge Spinatblätter
1 Knoblauchzehe, fein gehackt
30g Butter
100g Graukäse
Salz, Pfeffer
70g Butter

ZUBEREITUNG *

Die Zutaten kneten wir zu einem Teig und verarbeiten diesen zu 8mm breiten Bandnudeln.

Die Spinatblätter waschen und schleudern. Dann den Knoblauch kurz in 30g Butter andünsten und die Spinatblätter in die Pfanne geben. Sobald sie etwas zusammenfallen, fügen wir evtl. etwas Kochwasser hinzu und schwenken die in Salzwasser gekochten Nudeln darin. Wir richten die Nudeln auf den Tellern an und geben den zerbröselten Graukäse und die braune Butter darüber.

Mein Opa liebte Blutnudeln. Ich kann mich noch daran erinnern, wie sie auf dem Stubenofen zum Trocknen ausgebreitet lagen. Das frische Schweineblut (oder ersatzweise vom Kalb) wird gerührt, bis es abgekühlt ist, damit es nicht gerinnt. Man findet diese Nudeln eigentlich fast nur im Pustertal.

minze-paccheri
mit stockfisch und vanille

EINKAUFSLISTE

4 Personen

Minze-Paccheri

600 g Hartweizengrieß
50 g Minzblätter
100 ml Wasser
100 g Eiswürfel

Stockfisch

600 g Stockfisch, gewässert
500 ml Milch
500 ml Wasser
50 ml Weißwein
1 Knoblauchzehe
Dill, Petersilie, Lorbeer
wenig Salz

Fertigstellung

Olivenöl
50 ml Weißwein
250 ml Sahne
100 ml Gemüsebrühe
1/2 Vanilleschote
50 g frische Erbsen
Salz, Pfeffer
frische Minzeblätter

ZUBEREITUNG ***

Das Wasser zum Kochen bringen und sofort die Minzblätter hinein geben. Sobald sie leicht zusammenfallen (nach wenigen Sekunden), vom Herd ziehen. Die Eiswürfel dazugeben, rühren, bis diese geschmolzen sind. Das Minzwasser fein aufmixen, mit dem Mehl in der Maschine zu einem krümeligen Teig verarbeiten und durch die Paccheri-Matritze pressen.

Den Stockfisch kochen wir in den anderen Zutaten für ca. 20 Minuten weich und lassen ihn dort auskühlen. Aus dem Sud nehmen, von Haut und Gräten befreien. Wir zupfen ihn in kleine Stücke.

In einer Pfanne braten wir den Fisch und die Erbsen in Olivenöl kurz an und löschen mit Weißwein ab. Wir gießen mit Sahne und Suppe auf, geben die ausgekratzte Vanilleschote dazu. Würzen mit Salz und Pfeffer. Wir lassen die Sauce einkochen, bis sie gebunden ist. Jetzt die gekochten Paccheri darin schwenken und mit frischer Minze verfeinern.

Auch Vanille und Minze sind keineswegs nur für die Dessertküche reserviert. Sie runden den kräftigen Geschmack des Stockfisches schön ab und machen aus dieser Pasta ein erfrischendes Sommergericht.

gnocchetti sardi
mit lammragout und olivenpesto

EINKAUFSLISTE

6–8 Personen

Gnocchetti sardi

450 g helles Weizenmehl
300 g Hartweizengrieß
3 Eier + Wasser (zusammen 360 g Flüssigkeit)

Lammragout

600 g Lammschulter
200 g Wurzelgemüse (Zwiebel, Karotte, Lauch Sellerie)
Samenöl zum Anbraten
1 zerdrückte Knoblauchzehe
5 Zweige Zitronenthymian
1 Zweig Rosmarin
10 g Tomatenmark
150 ml Weißwein
Salz, Pfeffer
30 g Stärkemehl, in kaltem Wasser aufgelöst

Olivenpesto

100 g Olivenöl
100 g Taggiasca-Oliven

Fertigstellung

60 g Butter

ZUBEREITUNG ***

Die Zutaten kneten wir zu einem Teig, den wir dann mit den Händen zu 1,5 cm dicken Strängen rollen. Diese schneiden wir in 1 cm große Stücke. Dann drückt man sie mit dem Daumen auf ein gerilltes Brett (oder ein Gitter) und rollt sie herunter.

Das Fleisch in kleine Würfel schneiden. Das Gemüse braten wir kurz mit Samenöl an und nehmen es wieder aus dem Topf. Nun braten wir das Fleisch an, bis am Boden ein Satz entsteht, dann geben wir Knoblauch und Gemüse dazu.

Wir lassen das Tomatenmark kurz mitrösten, löschen mit Weißwein ab und bedecken alles mit Wasser. Wir geben die gehackten Kräuter dazu und lassen alles für etwa 30 Minuten kochen. Abschmecken und die aufgelöste Stärke langsam in das kochende Ragout einrühren.

Olivenöl und Oliven einfach miteinander aufmixen und nach Geschmack etwas nachsalzen.

Die kalte Butter in das kochende Ragout einrühren und die bissfest gekochten Gnocchetti sardi darin schwenken. Anrichten und mit dem Pesto beträufeln.

Cavatelli, Gnocchetti sardi und Orecchiette sind eigentlich ziemlich ähnlich. Sie unterscheiden sich in kleinen Details. Die einen sind gerollt, die anderen gerillt, die nächsten auseinander gerollt. Sie machen zwar etwas Arbeit, aber es zahlt sich allemal aus.

12. reinhold, giorgio und der eismann

Wir Köche brüsten uns ja alle gerne damit, für welche Promis wir schon gekocht haben. Ich bilde da natürlich keine Ausnahme. Ich lebe scheinbar in einer Ecke, in der es nicht so viele VIP's hin verschlägt. Oder doch? Nun, in meinem Mountain Dining Resort fallen mir spontan nicht sehr viele ein, die dort waren. Da war etwa Luca Cordero di Montezemolo, der Präsident von Ferrari. Leider arbeitete ich zu dem Zeitpunkt auswärts, also kann ich ihn nicht zu den Promis dazurechnen, für die ich kochen durfte. Meine Eltern kannten ihn nicht einmal, nur eine Mitarbeiterin hatte ihn erkannt, an den Leibwächtern.

Ein anderer, der bei uns zu Gast war, war Biagio Antonacci, ein italienischer Sänger. Er wurde von ein paar Kindern am Nebentisch identifiziert und gleich für Autogramme belagert. Oder der Extrembergsteiger Hans Kammerlander, Begleiter von Reinhold Messner bei vielen seiner Achttausender.

Zugegeben, bei keinem der Erwähnten, änderte sich meine Stimmung sonderlich. Allein schon die Definition Promi oder VIP liegt ja immer im Auge des Betrachters. Ein Ferrari-Fan hätte bei Montezemolo sicher anders reagiert. Für die Fans von Biagio Antonacci war es sicher ein einmaliges Erlebnis, ihn am Nebentisch sitzen zu sehen.

Ich war schon eher nervös, als mich ein Freund anrief, um mir zu sagen „Hallo Markus, heute Mittag komme ich mit Norbert zum Essen ..." Ich saß gerade beim Essen und mir blieb der letzte Bissen fast im Halse stecken. Norbert war ein paar Jahre vorher mein Chefkoch, zwei Michelin-Sterne und 19 Gault-Millau-Punkte. Das machte mich schon ein wenig nervös.

Genauso aufgeregt war ich, als auf einmal Fabio (ihn beschrieb ich bereits ausführlich) vor mir stand. Ich pflückte gerade ein paar Kräuter in meinem Wildgarten, da verdunkelte sich die Sonne und ein großer, kräftiger Mensch stand vor mir und sagte „Ciao, Markus". Wenn andere Köche zu Besuch kommen, läuft im Hinterkopf automatisch der Film ab „Hoffentlich bekomme ich es hin, dass es ihnen auch schmeckt!“ Man kann sich diesem Gedanken nicht erwehren, er kommt von alleine. Deswegen ist das Beste, man weiß nicht, wer zum Essen kommt und arbeitet immer ordentlich. Dann macht man sicher nichts falsch.

Zurück zu meinen Begegnungen, mit sogenannten Promis. Ich erinnere mich, dass ich in München Spätdienst hatte. Das bedeutete normalerweise, dass man abends eine Stunde länger herhalten durfte. Zwei, drei Clubsandwiches oder Süppchen für die späten Gäste zubereiten. Den Käsewagen abräumen gehörte auch zu den Spätdienst-Aufgaben, ich war gerade dabei. Zwei Minuten vor Spätdienst-Ende (sprich um 23.28) kam der Maître angezockelt und brummte in seiner elegant mürrischen Art „Herr Elsholtz ist gerade gekommen und hat Hunger.“ Ich dachte mir „Wer soll denn das sein? Warum kann er nicht in den gegenüberliegenden Schnellimbiss gehen?“

Zufällig war noch Milos anwesend, einer meiner Mitarbeiter mit sehr hohen Ambitionen. Er laberte uns jeden Tag die Ohren voll, von wegen, was er alles konnte und wie gut er war. Ein ziemlich lästiger kleiner Zeitgenosse. Egal, in dem Moment war ich eigentlich recht froh, dass er hier war. Denn als er „Elsholtz“ hörte, hüpfte er im Dreieck. Endlich durfte er für jemand Wichtiges kochen. Er sprang zum Fischkühlschrank und wühlte sich dort das dickste Stück Steinbutt heraus. Brutzelte es, obwohl das eigentlich meine Aufgabe hätte sein sollen.

Damals kochte ich noch nicht sehr lange und mir war ehrlich gesagt, auch ganz recht, dass ich nur die Beilagen zubereiten musste. Mir graute davor, ein Stück Fisch braten zu müssen. Während wir zu zweit an diesem einen Teller rumwerkelten, erfuhr ich endlich, dass wir gerade für die deutsche Synchronstimme von Tom Hanks und des Mammuts Manfred aus „Ice Age“ kochten. Ich wollte natürlich schon immer wissen, wer das sei. Noch lieber wäre ich früher nach Hause gegangen.

Tags darauf kam Tom Hanks, nein, seine Synchronstimme, sogar in die Küche, sprach kurz mit dem Chef, bedankte sich für das Essen und lobte es. Ich musste Milos kurz an einem Seil anbinden, sonst wäre er davon geflogen. Der Chef musste aber irgendwie mitbekommen haben, dass mir Manni Mammuts Stimme vollkommen egal war. Daher fragte er mich, nicht ohne sarkastischen Unterton „Wer ist denn der bekannteste Südtiroler?“ Nach einer kurzen Pause „Heinz Winkler?“ Nun ja, dachte ich mir, den kennt man nur in Deutschland. „Reinhold Messner“ war meine erste Antwort. Jetzt dachte auch der Chef kurz nach. „Giorgio Moroder, könnte man auch erwähnen.“ Wir kamen dann zum Schluss, dass der wohl bekannteste Südtiroler seit etwa 5.500 Jahren nicht mehr lebte. Der „homo tirolensis“ vom Hauslabjoch, besser bekannt als Ötzi. Ihn werden wir wohl nicht mehr als Gast in einem Restaurant empfangen dürfen.

Am erwähnenswertesten für mich sind aber die Promi-Begegnungen im Gadertal, wo ich mit Fabio und Norbert arbeitete. Von einer Begegnung erzählt auch Norbert gerne immer wieder. Während eines Mittagsservices ging das Gerücht um, dass ein bekannter Hollywoodstar ins Hotel kommen könnte. Es war aber noch nicht sicher. Wir machten uns auch keine großen Gedanken, wer das sein könnte. Wir machten Pause und der Lehrling schob nachmittags Dienst.

Ich döste gemütlich in meinem Zimmer vor mich hin, als mich mein Telefon aufschreckte. Der Lehrling rief mich an. „Was will er denn, findet er die Tomatensauce nicht?“ dachte ich mir. Ich nahm ab und hörte nichts. „Christian?“ fragte ich nach einer Weile „was gibt's?“ „Ich wasche mir nie mehr die Hand!“ sagte er. „Weißt du, wer mir gerade Komplimente für die Tagliolini mit Tomatensauce gemacht hat?“ „Ja wer wohl, der Papst vielleicht?“ „Nein, viel besser, George Clooney!“ Ungläubig starrte ich auf den Hörer. Ich dachte, er hätte sich einen Fernseher in die Küche gestellt.

Abends hatte ich dann die Bestätigung, er war wirklich im Haus. Eine der Bedienungen hatte schon einen Anschiss vom Chef erhalten, weil sie es gewagt hatte, George um ein Autogramm zu bitten. Beim Abendessen drehte sich natürlich alles um ihn. Das Mädchen an der Rezeption, die ihn als erste erblickt hatte, sorgte aber für die meiste Unterhaltung. Sie war auf Wolke siebenhundertsiebenundsiebzig. Als sie unseren Essensraum betrat, wischte einer der Köche hinter ihr den Boden und sagte „Achtung, rutschig! Hier ist gerade Evelyn vorbeigekommen, sie hat George gesehen."

Sie stand nichtsahnend hinter der Rezeption, als ein Mittvierziger mit leicht ergrauten Haaren hereinschneite und sagte „Hello, I'm George!" und dann auf Italienisch fortfuhr „Come si dice a quest' ora? Buon giorno o buona sera?" Es stellte sich heraus, dass sie alle Sprachen verlernt hatte und nur mehr jene der Fische beherrschte, Mund auf, Mund zu, Mund auf, Mund zu ... Sie brachte nicht einmal mehr ihren Namen heraus, als er sie danach fragte.

Leider durfte ich auf George nur einen Blick von etwa einer halben Sekunde erhaschen, als er an der Bar saß. Ich habe auch nicht für ihn gekocht, das hat der Lehrling gemacht. Einzig die Tomatensauce hatte ich vorbereitet. Im Vergleich zum nächsten Promi verblasste aus meiner Sicht sogar George Clooney. Wie gesagt, es liegt immer im Auge des Betrachters, wen man als VIP ansieht.

Wir waren drei ziemlich fanatische Inter-Mailand-Fans in der Küche, Fabio, Manuel und ich. Ich hatte meinen freien Tag und erhielt eine SMS von Fabio „Du wirst es nicht glauben, aber morgen kommt Facchetti ins Hotel!" Giacinto Facchetti war damals Inter-Präsident, für jene, die ihn nicht kennen. Er war in den 60ern und 70ern, für lange Zeit Kapitän von Inter Mailand und auch der italienischen Nationalmannschaft, den Azzurri. Auch im Jahrhundertspiel Italien-Deutschland, bei der Fußball-WM von 1970. Für uns Fanatiker war das natürlich ein sehr großer Moment, als wir ihm sogar die Hand schütteln durften.

Nach einigen Tagen im Hotel kam er immer auf uns zu (wir hatten eine offene Showküche), um sich mit uns zu unterhalten. Für großes Gelächter sorgte seine Reaktion auf die schwarzen Hocker im Restaurant, welche Bezüge in roter Farbe hatten. Er stützte sich auf einem dieser Hocker ab, während er sich mit uns unterhielt. Im Laufe des Gesprächs fiel schließlich sein Blick darauf. Wie von der Tarantel gestochen, zuckte er mit seiner Hand zurück, als er die Farben des Lokalrivalen AC Milan erkannte. Während er sich seine Hand abwischte, fragte er uns ungläubig, aber schmunzelnd „Wie kann es sein, dass in einem so tollen Restaurant, so eine hässliche Farbkombination zu finden ist? Wie eklig!" Leider verstarb der Capitano Presidente zirka zwei Monate später, aber an diese Begegnung erinnere ich mich immer wieder gerne.

Der schnellste Weg, einem VIP die Hand zu schütteln ist wohl der, selber einer zu werden. Spaß beiseite, aber auf dem Weg dorthin gibt es sicher noch ein paar, die ich gerne in meinem Mountain Dining Resort begrüßen möchte. Leider gehen ABBA bereits seit längerem getrennte Wege, doch ich würde sie trotzdem gerne einmal alle zusammen zum Abendessen einladen. Als einer der größten Genesis-Fans der Geschichte, möchte ich mich auch bei ihnen für die großartigen Momente, die mir ihre Musik bescherte, erkenntlich zeigen. Wenn ich so nachdenke, sind das die „Promis", die mir Freudentränen in die Augen treiben können.

Doch ich freue mich über jeden, der mich besuchen kommt, dazu muss er kein Promi sein. Wie schon erwähnt, freue ich mich über Kollegen, die ich irgendwo kennengelernt habe und die mich extra besuchen kommen, mindestens genauso. Es ist aber Blödsinn, wenn ein Wirt sagt, dass alle Gäste gleich behandelt werden. Manche sind eben ein bisschen gleicher. Seid doch ehrlich, wenn ihr in euerm Stammlokal nicht ein bisschen gleicher behandelt werdet, so ist es euch ja auch nicht recht. Wir alle sind gerne ein bisschen VIP, das können wir nicht abstreiten.

Hoffentlich bekomme ich es hin, dass es ihnen auch schmeckt!

tomatenbandnudeln
mit linsen und kapernfrüchten

EINKAUFSLISTE

4 Personen

Tomaten-Nudelteig

400g helles Weizenmehl
100g Hartweizengrieß
50g Tomatenmark
2 Eier + Wasser (zusammen 230g Flüssigkeit)

Linsen

200g getrocknete grüne Linsen
1 Schalotte
Olivenöl
30g Bauchspeck, gewürfelt
1 zerdrückte Knoblauchzehe
1 Rosmarinzweig
300ml Fleischsuppe
Salz, Pfeffer

Fertigstellung

50g Kapernfrüchte, halbiert
30ml Olivenöl

ZUBEREITUNG *

Eier, Tomatenmark und Wasser abwiegen (230g), dann mit dem Mehl zu einem Teig verarbeiten. Diesen ausrollen und in 15 mm breite Bandnudeln schneiden.

Die Linsen waschen und abtropfen lassen. Die Schalotte würfeln, mit dem Speck in Olivenöl anschwitzen. Linsen und Knoblauch ebenfalls kurz mit andünsten. Mit der Fleischsuppe aufgießen, würzen, den Rosmarin dazugeben und für etwa 30 Minuten kochen lassen.

Die Kapernfrüchte und das Olivenöl zu den Linsen geben, dann die in Salzwasser gekochten Nudeln darin schwenken und servieren.

Linsen sind etwas praktischer als getrocknete Bohnen, weil man sie nicht für Ewigkeiten im Wasser einweichen muss, bevor sie gekocht werden können. Doch ich meinerseits liebe alle Hülsenfrüchte, obwohl auch ich die nicht sehr wohlriechenden Konsequenzen zu tragen habe. Vielleicht mag ich sie, weil ich ein alter Fan der Westernfilme mit Bud Spencer und Terence Hill bin.

cannelloni-schnecke
mit pfifferlingen und brotkleeschaum

EINKAUFSLISTE

4 Personen

Pfifferlingsfüllung

250 g Pfifferlinge
1 Knoblauchzehe
1 Thymianzweig
Olivenöl
250 g Mascarpone
100 g gekochte und passierte Kartoffeln
Schnittlauch
Salz, Pfeffer, Muskatnuss

Cannelloni-Schnecken

300 g helles Weizenmehl
200 g Hartweizengrieß
4 Eier + Wasser (zusammen 230 g Flüssigkeit)

Brotkleeschaum

1 Schalotte, klein gewürfelt
Olivenöl
300 ml Gemüsebrühe
100 ml Weißwein
Salz, Pfeffer
100 g Sahne
1 Messerspitze Brotklee
2 g Sojalecithin

ZUBEREITUNG ***

Die Pfifferlinge waschen und putzen. Dann erhitzen wir in einer Pfanne das Olivenöl, geben die Pfifferlinge, die zerdrückte Knoblauchzehe und 1 Thymianzweig dazu und schwenken sie durch. Sobald die gesamte Flüssigkeit verkocht ist, nehmen wir den Knoblauch und den Thymian heraus und hacken sie fein auf. Dann mischen wir alle Zutaten zusammen, schmecken mit Salz und Pfeffer ab.

Die Zutaten kneten wir zu einem Teig. Diesen dünn ausrollen und in ungefähr 7 x 15 cm große Rechtecke schneiden. Die Füllung mit einem Spritzsack der Länge nach auftragen, dann den Teig über die Füllung falten und überall gut verschließen. Nun aufstellen und schneckenförmig einrollen (Seite 279/280). Wir dämpfen die Cannelloni etwa 10 Minuten in einem Topf mit Dämpfkörbchen.

Die Schalotte in Olivenöl kurz andünsten und mit Weißwein löschen. Mit der Gemüsebrühe aufgießen und kurz kochen lassen, dann aufmixen. Zum Schluss Sahne, Brotklee und Sojalecithin zur Sauce geben und mit dem Stabmixer nochmals richtig aufschäumen.

Die Cannelloni auf den Tellern anrichten und den Schaum darüber geben.

Was mich betrifft, darf Sahne oder Mascarpone eigentlich gar nicht in die Nähe von Pilzen kommen. Für die Pfifferlingsfüllung mache ich allerdings eine Ausnahme. Zu Beginn war ich auch nicht von dieser Kombination überzeugt, doch sie schmeckt phänomenal. Brotklee (auch Schabzigerklee oder Zigeunerkraut) ist ein Gewürz, das für das typische Südtiroler Roggenbrot (Vinschgerl, Breatl und auch Schüttelbrot) verwendet wird.

tinten-spinatbandnudeln
mit morcheln und frühlingsgemüse

EINKAUFSLISTE

4 Personen

Spinat-Nudelteig
150 g helles Weizenmehl
100 g Hartweizengrieß
75 g frischen Spinat
1 Ei (115 g Flüssigkeit)

Tinten-Nudelteig
200 g helles Weizenmehl
50 g Hartweizengrieß
1 Briefchen Sepia-Tinte
2 Eier

Sauce
70 g Morcheln
1 Thymianzweig
Olivenöl
200 g Frühlingsgemüse (Radieschen, grünen und weißen Spargel, Erbsen, ...) in 2–3 cm große Stücke geschnitten
Gemüsebrühe
Salz, Pfeffer

ZUBEREITUNG **

Den Spinat waschen, kurz dämpfen und in Eiswasser abschrecken. Ausdrücken, mit den Eiern abwiegen (115 g Flüssigkeit, evtl. Wasser dazugeben) und alles zusammen fein mixen. Wir kneten ihn mit dem Mehl zu einem Teig.

Alle Zutaten zu einem Teig kneten. Die zwei Teige getrennt ausrollen zu zwei gleich großen Stücken ausrollen. Einen Teig auf der Oberseite befeuchten, den anderen legen wir darauf und lassen ihn nochmals durch die Maschine. Zu 6 mm breiten Bandnudeln schneiden.

Die Morcheln kurz in Olivenöl mit dem Thymian braten und würzen. Das Gemüse ebenfalls knackig in Olivenöl anbraten und abschmecken. Wir geben Gemüsebrühe und Butter dazu, lassen alles etwas einkochen, bevor wir es mit den Morcheln und den bissfest gekochten Bandnudeln cremig schwenken.

Die zweifarbigen Tagliatelle machen vor allem einen optischen Spezialeffekt. Beim Essen nimmt man besonders den Fisch-Geschmack der Sepiatinte wahr. Wer diesen nicht mag, macht einfach nur Spinat-Nudeln und soll nicht lang rumzicken.

13. lasagne

Sie ist ja eigentlich ein Synonym für Resteverwertung. Kaum jemand, der bei klarem Verstand ist, traut sich, in einem ihm unbekannten Lokal eine Lasagne zu essen. Vielleicht bin auch nur ich etwas gebrandmarkt vom Personalessen an einem früheren Arbeitsplatz. Dort gab es eines schönen Tages als Mitarbeiteressen gekochtes Rindfleisch. Tafelspitz, wenn ich mich recht erinnere, also eine an und für sich recht trockene Angelegenheit. Aber ein vertretbares Essen, der Tafelspitz war frisch und die Beilagen (gekochte Kartoffeln) auch.

Tags darauf gab es Rindfleisch sauer, auch das noch verständlich, man will ja schließlich alles aufbrauchen und dazu wurde ein Kartoffelsalat serviert. Welche Kartoffeln dafür verwendet wurden, muss ich wohl nicht näher erläutern.

Am nächsten Tag gab es Spaghetti mit Bolognesesauce (wird in meiner Heimat umgangssprachlich Ragout genannt - hier sind wir ja wieder Italiener). Dreimal dürft ihr raten, welches Fleisch in diesem Ragout gelandet war? Richtig, das gute, gesäuerte Rindfleisch mitsamt den darauf liegenden Zwiebeln und dem Essig. Das hatte natürlich den Vorteil, dass man nicht schmecken konnte, ob das Ragout bereits sauer war oder noch nicht. Ragout süßsauer sozusagen. Mmmmmh, lecker, kann ich das bloß kommentieren.

Doch die Story ist noch nicht zu Ende. Natürlich wurde aus der Bolognesesauce tags darauf wieder etwas Leckeres gezaubert. Eine schöne, knusprige und saftige Lasagne. Leider kann ich mich nicht mehr daran erinnern, was jene Lasagne noch so alles enthielt, es war jedenfalls nicht nur das Ragout vom Vortag mit eingebaut, welches ja aus dem bereits gekochten Rindfleisch entstanden war.

Ich möchte mich auch lieber nicht mehr daran erinnern, glaube ich. Dafür weiß ich aber mit Sicherheit etwas anderes, Lasagne schmeckt aufgewärmt fast noch besser als im frischen Zustand. Aus diesem Grund durften wir sie tags darauf noch einmal genießen.

Es soll auch Orte geben, an denen eine ebensolche Lasagne in einen großen Topf gegeben, mit Wasser aufgekocht und fein gemixt wird, dann als Spezialsuppe des Hauses serviert wird. Zum Glück kenne ich solche Orte nur vom Hörensagen, denn mir reicht schon das, was ich erlebt habe.

Jetzt muss ich mich wohl ordentlich ins Zeug legen, um euch Lesern wieder etwas mehr Lust auf Lasagne zu machen, oder? Natürlich liebe auch ich Lasagne über alles, sonst würde ich ihr nicht ein eigenes Kapitel widmen. Eigentlich nennt man das, was wir (deutschsprachige) unter Lasagne verstehen, „Pasticcio". Was soviel bedeutet, wie Durcheinander oder drunter und drüber.

Mit Lasagne sind in Wirklichkeit nur die Nudelblätter selber gemeint. Entstanden ist der erste Pasticcio, aller Wahrscheinlichkeit nach, tatsächlich als Resteverwertung. Ein paar übrig gebliebene Nudeln, mit Bologneseragout wurden in eine Form gegeben. Beim Aufwärmen etwas Sahne oder Béchamelsauce und Parmesan darüber geleert, damit die Angelegenheit nicht zu trocken wurde. Dieser erste Versuch muss gut angekommen sein, sonst wäre daraus wohl kein Klassiker entstanden.

Sehr wohl kann man aber eine Lasagne aus frischen Zutaten herstellen. Unter Fleischresten muss man nicht Fleisch verstehen, das schon grün und grau angelaufen ist oder von den Tellern der Gäste übrig geblieben ist. Im Normalfall sind es die Stücke, welche beim Zuschneiden größerer Fleischteile anfallen.

Die beste Bolognesesauce erhält man meines Erachtens, wenn man zu gleichen Teilen Wurzelgemüse sowie Rind-, Schweine- und Kalbfleisch verwendet. Wer ganz guter Laune ist, kann das Ragout mit frischen, geschälten Tomaten vervollständigen. Im Normalfall verwendet man Tomaten guter Qualität aus der Dose. Hier sollte man darauf achten, dass wirklich nur Tomaten in der Dose sind und keine Zusatzstoffe, wie Wasser oder gar irgendwelche E-Nummern.

Wer dann noch motiviert genug ist, die Nudelblätter selbst herzustellen, wird ein Geschmackserlebnis der besonderen Art haben. Frische, selbstgemachte Teigblätter werden im Ofen besonders knusprig. Nicht hart, dass man sich die Zähne ausbeißt, so wie es gerne bei getrockneten Teigblättern vorkommt. Bei einer Lasagne vom Rohr schafft man es leider nicht immer, dass die Nudelblätter bissfest bleiben. Daher sollten sie etwas dicker sein als „normale“ Nudeln.

Hier sind wir wieder beim Thema „al dente“. Es gibt auch Nudeln, welche sogar von den Italienern selber gegessen werden, wenn sie nicht bissfest sind. Dazu gehören etwa die Nudeln in der „Pasta e fagioli“ und eben Lasagne. Da wird es mit dem „dente“ nicht so genau genommen.

Natürlich steht nirgends geschrieben, dass eine Lasagne nur aus Bologneser- und Béchamelsauce hergestellt werden kann. Man hat ja immer wieder andere alte Lebensmittel im Kühlschrank aufzubrauchen ... Spaß beiseite, ihr könnt fast jedes Nudelgericht in eine Lasagne verwandeln. Wenn ihr Gäste geladen habt, ist eine Lasagne besonders praktisch, denn man kann sie in den meisten Fällen am Tag vorher vorbereiten. Ihr habt dann viel Zeit für eure Gäste und könnt euch ganz relaxt mit an den Tisch setzen, während die Lasagne im Ofen schmort.

Ich mache zum Beispiel sehr gerne eine Bratwurstlasagne mit Rucola. Was ich ebenso schätze, die Rote-Bete-Lasagne mit gegrilltem Gemüse. Der Frühling zeigt sich mit Bärlauch und Ziegenricotta. Im Sommer gibt es dann eine Lasagne mit Wildragout und Steinpilzen. Der goldene Herbst, mit Kastanien und Kürbissen. Dann folgt der deftige Winter, mit Selchfleisch und Sauerkraut. Ich will euch hier nur ein paar Inputs liefern, auf den folgenden Seiten findet ihr einige dieser Gerichte.

Erlaubt ist uns in der Küche ja alles. Wenn einige Pommes frites oder Nutella auf eine Pizza werfen, dann können wir das ja auch in die

Lasagne schmeißen, oder? Nein, lieber doch nicht, das wäre etwas zu pervers. Es geht auch dezenter, wir machen dann Nudeln mit Kakaopulver oder Kartoffelteig-Nudelblätter, das ist etwas sympathischer als Nutella und Pommes. Versucht einfach, euch jedes Gericht in diesem Buch in Form einer Lasagne vorzustellen. Ihr werdet sehen, welche verrückten Ideen daraus entstehen. Traut euch einfach, eure Kochkünste zu erweitern.

dinkel-lasagne
mit bratwurst und rucola

EINKAUFSLISTE

4 Personen

Teigblätter

200 g Dinkelvollkornmehl
200 g helles Dinkelmehl
100 g Hartweizengrieß
4 Eier + Wasser (zusammen 230 g Flüssigkeit)

Bratwurstragout

4 Hauswürste
2 Schalotten, in Streifen geschnitten
100 ml Weißwein
Samenöl zum Anbraten
Fleischsuppe und Tomatensauce zum Aufgießen (zusammen etwa 750 ml Flüssigkeit)
2 EL Olivenöl zum Binden
Salz, Pfeffer

Fertigstellung

Béchamelsauce (Seite 18)
geriebenen Parmesankäse
4–5 Bund gewaschene Rucola
Butter zum Ausstreichen der Form
4 EL Basilikumpesto

ZUBEREITUNG ****

Aus den Zutaten kneten wir einen Teig und wickeln ihn für 10 Minuten in Klarsichtfolie ein. Wir verarbeiten ihn zu Lasagneblättern, wie in der Einleitung beschrieben (Seite 15).

Die Würste schneiden wir der Länge nach auf, entfernen den Darm und zupfen sie in kleine Stücke. In einem Topf erhitzen wir etwas Samenöl, schwitzen die Schalotten darin an und geben die Würste dazu. Wir lassen sie langsam anrösten, bis sich ein schöner Satz am Topfboden bildet. Mit dem Weißwein löschen, mit etwas Fleischsuppe und Tomatensauce aufgießen. Das Olivenöl und die Gewürze dazu geben und alles ca. 15 Minuten kochen lassen.

Wir streichen die Auflaufform mit Butter aus und geben etwas Béchamel hinein. Ein Nudelblatt draufgeben, je eine Kelle Béchamel und Bratwurstragout, mit etwas geschnittener Rucola darauf verteilen. Dies wiederholen, bis die Nudelblätter aufgebraucht sind (normalerweise mache ich 5-6 Schichten). Auf jede zweite Schicht etwas Parmesan geben. Auf der abschließenden Schicht lassen wir die Rucola weg. Die Lasagne etwas abkühlen lassen, in Portionen schneiden und bei 170°C ca. 25 Minuten überbacken. Mit Rucola und Basilikumpesto servieren.

Ihr werdet euch in diese Lasagne verlieben. Der kräftige Geschmack der Bratwürste und die Rauke (oder Rucola) machen etwas ganz Besonderes aus einer simplen Lasagne. Das Ragout kann übrigens auch für andere Nudeln verwendet werden.

bärlauch-lasagne
mit zweierlei spargeln

EINKAUFSLISTE
4 Personen

Bärlauch-Teigblätter
400 g helles Weizenmehl
100 g Hartweizengrieß
150 g Bärlauch
2 Eier + Wasser (zusammen
230 g Flüssigkeit)

Fertigstellung
Béchamelsauce (Seite 18)
250 g weißer Spargel
250 g grüner Spargel
Olivenöl
50 ml Weißwein
100 g geriebenen Parmesankäse
Butter zum Ausstreichen
der Form
Salz, Pfeffer

ZUBEREITUNG **

Vom Bärlauch entfernen wir die Stiele. Dann wird er gewaschen, kurz gedämpft und in Eiswasser abgeschreckt. Ausdrücken, mit den Eiern abwiegen (230 g Flüssigkeit, evtl. mit Wasser verlängern) und alles zusammen fein mixen. Mit dem Mehl zu einem Teig kneten und zu Lasagneblättern verarbeiten (Seite 15).

Den Spargel schälen und in 1/2 cm dicke Stücke schneiden. Diese braten wir in einer Pfanne mit Olivenöl kurz an. Würzen sie mit Salz und Pfeffer, mit Weißwein löschen. Wir streichen die Auflaufform mit Butter aus, geben etwas Béchamelsauce hinein und legen das erste Nudelblatt darüber. Jetzt kommt wieder Béchamelsauce und ein paar Spargel darauf. Dies 5–6 Mal wiederholen, bis Sauce und Spargel aufgebraucht sind. Auf jede zweite Schicht, etwas geriebenen Parmesan streuen. Dann die Lasagne schneiden und im Backrohr bei 170°C für 25 Minuten überbacken.

Ein richtiges Frühlingsgericht: Sowohl Spargel als auch Bärlauch haben zum Frühlingsbeginn Saison. Sie lassen bei mir immer dementsprechende Gefühle wach werden. Also aufgepasst!

lasagne
mit hirschragout und blaukraut

EINKAUFSLISTE

6–8 Personen

Teigblätter

300 g helles Weizenmehl
200 g Hartweizengrieß
4 Eier + Wasser (zusammen 230 g Flüssigkeit)

Hirschragout

Zutaten wie Rehragout (Seite 108), anstelle von Reh verwenden wir aber Hirsch

Blaukraut

500 g Blaukraut, in Streifen geschnitten
1 Flasche Rotwein
30 g Zucker
50 g Preiselbeermarmelade
50 g Honig
Salz, Pfeffer

Fertigstellung

Béchamelsauce (Seite 18)
geriebenen Parmesankäse
Butter zum Ausstreichen der Form

ZUBEREITUNG ****

Aus den Zutaten kneten wir einen Teig und wickeln ihn für 10 Minuten in Klarsichtfolie ein. Wir verarbeiten ihn zu Lasagneblättern, wie in der Einleitung beschrieben (Seite 15).

Zubereitung natürlich ebenso wie das Rehragout.

Alle Zutaten in einen Topf geben und über Nacht ziehen lassen. Am nächsten Tag alles zusammen aufkochen und etwa 1/2 Stunde köcheln lassen. Abschmecken und fertig.

Wir streichen die Auflaufform mit Butter aus und geben etwas Béchamel hinein. Ein Nudelblatt draufgeben, je eine Kelle Béchamel und Hirschragout darauf verteilen. Denselben Vorgang mit Béchamel und Blaukraut wiederholen. Abwechselnd geht es weiter, bis die Nudelblätter aufgebraucht sind (normalerweise mache ich 5–6 Schichten). Auf die letzte Schicht etwas Parmesan geben. Die Lasagne in Portionen schneiden und bei 170°C ca. 25 Minuten überbacken.

Auf den ersten Blick hielt ich mich wohl selber verrückt, als ich auf diese Rezeptidee kam. Aber warum nicht, dachte ich mir dann. Das Ergebnis konnte sich auf jeden Fall sehen lassen. Auch ihr werdet euch sehen lassen können.

14. lehrlinge und wutausbrüche

Wer einen Stift hat, braucht Nerven. Ein „Stift“, zur Erläuterung, wird in meiner Heimat ein Gehilfe oder ein Lehrling genannt. Meine Herren (und auch Damen) Stifte haben mich schon einige Lebensjahre und graue Haare gekostet. Stellt euch einfach vor, ihr redet euch eine Ewigkeit den Mund fusselig, um einem Anfänger etwas beizubringen und hinterher wird euch die Frage gestellt „Was soll ich jetzt machen ...?“ Arrrgghh! Umsonst, er (sie) hat überhaupt nicht zugehört. Geschweige denn, etwas verstanden. Wieder ein Büschel graue Haare mehr. Aber egal, das soll ja sexy wirken.

Ich gebe zu, auch ich habe als „Stift“ angefangen, wer hat das nicht? Sicherlich habe ich auch das eine oder andere graue Haar einiger meiner Vorgesetzten zu verantworten. Ebenso war ich von der, unter Stiften weit verbreiteten Krankheit, der „chronischen Müdigkeit“ betroffen. Bekannt auch als Schlafkrankheit. Das einzige, was bei einem Lehrling schnell geht, ist die sogenannte Materialermüdung und der Sprung in den Feierabend.

Da bildete natürlich auch ich keine Ausnahme. Von einem Tag auf den anderen jedoch ging der Knopf auf. Ich hatte die Sommersaison über in einem Hotel als Tournant gearbeitet (so nennt man den Koch, der die anderen an ihrem freien Tag ersetzt) und hatte einiges gelernt. War aber noch nicht wirklich schnell und aufgeweckt. Trotzdem fragte mich der Chef, ob ich ihm vielleicht zu Beginn der Wintersaison für zwei Wochen aushelfen könne, bevor bei mir die Saison los ging. Es hatte fast einen kompletten Personalwechsel in der Küche gegeben, somit stieg ich quasi vom 4. Koch zum Souschef auf.

Damals erkannte ich mich fast selbst nicht wieder. Ich musste Verantwortung übernehmen und das tat mir sichtlich gut. Auf einmal wusste ich morgens genau, was zu tun war. Sonst hatte ich mich meistens auf die anderen verlassen. Ganz nach dem Motto „Das Kühlhaus wird schon irgendwer aufräumen“. Vorher musste ich immer von jemandem zum Aufräumen und Putzen hingeprügelt werden.

Auf einmal nahm ich selber freiwillig den Besen in die Hand und schaffte Ordnung. Ich machte den Kellnern Dampf und den Lehrlingen ebenso. Nach den ersten drei, vier Tagen nahm mich der Chef kurz beiseite und fragte mich, was mit mir passiert sei. Er wunderte sich zwar, stellte aber fest, dass mir die Verantwortung gut tat und dass er mir den ganzen Sommer über wahrscheinlich selber zu wenig zugetraut hatte.

Nun, wenn ich es heute betrachte, kann ich immer noch selber sehr viel aus der Geschichte lernen. Wer Verantwortung übernimmt, leistet einfach mehr. Deshalb muss man als Vorgesetzter auch bereit sein, Verantwortung zu übertragen. Natürlich gibt es genug Mitarbeiter, die auf die Verantwortung pfeifen. Nicht nur auf das, sie pfeifen auf alles, was irgendwie mit Arbeit zu tun hat. Oder wofür man sich bewegen muss.

Was macht ihr, wenn euch etwas zu Boden fällt? Normalerweise hebt man es wieder auf, richtig? Neiiin, falsch gedacht. Ein Stift (sorry, mir gefällt das Wort einfach) musste mir an einem seiner letzten Arbeitstage einen Eimer mit Marmelade im Keller holen. An und für sich keine schwierige Aufgabe. Er brachte ihn mir und das sogar relativ flink. Aber irgendwie war mir das, aufgrund seiner Vorgeschichte, etwas zu einfach gelaufen.

Den Haken entdeckte ich leider erst ein paar Tage später, als er schon die Saison beendet hatte. Ich ging das Magazin fegen und fand, unter dem Regal, auf dem die Marmelade stand, einen zerplatzten Eimer Marmelade am Boden. Zerfetzt trifft es vielleicht eher. Mein lieber Mitarbeiter hatte den Eimer mit lässigem Schwung vom Regal holen wollen, konnte ihn nicht mehr halten und versuchte, ihn mit den Füßen abzufangen. Stattdessen hatte er ihn mit voller Wucht getroffen und unter das Regal geschossen, wo er ja unbemerkt liegen bleiben konnte.

Leider habe ich ihn nicht in flagranti erwischen können. Ich hätte ihn mit ziemlicher Sicherheit, zwei, drei Runden in der Spülmaschine weichgespült. Sein Glück. Also wie gesagt, wenn euch etwas zu Boden fällt, nicht bücken! Warum nicht?

Nun, dafür gibt es mehrere Gründe:
1. Bücken schadet dem Kreuz und nutzt unsere Bandscheiben ab.
2. Bücken ist anstrengend.
3. Noch anstrengender ist das Bücken, wenn man tags zuvor später nach Hause gekommen ist.
4. Der Mensch ist nicht zum Bücken gemacht. Wir haben zehntausende, wenn nicht hunderttausende Jahre dafür gebraucht, endlich den aufrechten Gang zu erlernen. Wir wollen ja nicht der natürlichen Evolution entgegen wirken ...

Diese Grundregeln hat mir mein langjähriger Mitarbeiter Christian, alias „Nanne“ beigebracht. In den ersten Saisonen, die wir zusammen bestritten, war ich sein „Stift“. Ich war sein Untertan an der Spüle. Während ich Kochen lernte und „aufstieg“, zog er es vor, weiterhin an der Spüle zu bleiben. Nun war er mein Stift. Wir haben uns unsere grauen Haare also gegenseitig zugefügt. Aber für Weisheiten wie die oben erwähnte, verzeihe ich ihm gerne jedes graue Haar, das ich seinetwegen bekommen habe. Ich hoffe, er verzeiht sie auch mir.

Kurzum, die Anfälle chronischer Müdigkeit und die permanente Weigerung, gegen die Evolution zu wirken bei Lehrlingen, hatten meinerseits auch manchmal kurze und heftige Auswirkungen zur Folge. Ich erinnere mich an „Kenny Cannone“, ein Praktikant, mit dem ich das Vergnügen hatte. Wir hatten ihn so getauft, weil man unter einem „Cannone“ in Italien eine Art Zigarette versteht, welche große Pupillen und ein breites Grinsen verursacht.

Nicht, dass ich ihm etwas unterstellen möchte, aber er war den ganzen Tag in einem solchen Zustand, immer „high“. Während des Abendservices, hatte ich den Herd voller Töpfe und Pfannen. Ich war gerade am Überlegen, ob ich nicht die Füße auch noch irgendwie am Herd einsetzen könnte. Jedenfalls schickte ich „Kenny" in den Keller, um mir etwas zu holen. Es hörte sich ungefähr so an „Renn mir sofort runter und bring mir zwei Bund Rucola!!! Gas!" „Jawohl!" Er verschwand um die Ecke. Da fiel mir ein, dass ich auch Schnittlauch brauchte. Ich rannte ihm, mit zwei Pfannen in der Hand, rufend hinterher. Ich kam jedoch nicht weit. Als ich im Höllentempo um die Ecke bog, hinter der er verschwunden war, stieß ich mit ihm zusammen. Da stand Kenny am Eiskühlschrank und löffelte gerade in aller Seelenruhe Vanilleeis. Ich schäumte vor Wut. Auf einmal hatte ich nur noch einen Schuh an und eine Pfanne fehlte mir. Beides befand sich im Anflug auf meinen Praktikanten.

Meine Stimme musste ich im Zaum halten, denn wir befanden uns in einer Showküche, wo uns die Gäste hören und sehen konnten. Hinterm Eck waren wir aber Gott sei Dank vor den Blicken der Gäste geschützt, wer weiß, was sie sonst für Vorstellungen von mir bekommen hätten.

Auf alle Fälle animierte es ihn zumindest kurzfristig zu schnellerem Arbeiten. Den größten Bock schoss er aber ein andermal. Einer meiner Kochkollegen, wir waren etwa 15, ging zum Chef und stellte ihm leise eine Frage. Dieser schüttelte anfangs ein paarmal den Kopf, bis er endlich resignierend nickte und die Augen verdrehte. Der Koch lachte, rieb sich die Hände und rannte voller Schadenfreude davon. Als ich den Chef fragend ansah, sagte dieser nur zu mir „Ich hoffe, er fällt nicht darauf rein!" „Worauf?" fragte ich. „Sie wollen Kenny zum Nachbarn schicken, um die Erbsenfüllmaschine zu holen!"

Natürlich fiel er darauf rein. Er marschierte (in Küchenkleidung) zum Nachbarhotel und fragte dort nach besagter Maschine. Zu seinem Glück verstand die Bedienung kein Italienisch. Doch als er im Kopf die Frage nach der Erbsenfüllmaschine ins Deutsche übersetzen wollte, dämmerte es ihm. Wie er später erzählte, sagte er zur Bedienung „Ääh – nichts, ich, ehm ...", drehte sich um und kehrte schnellstmöglich dorthin zurück, wo ihn 15 Köche hinter dem Fenster mit lachenden Gesichtern erwarteten. Er tat mir fast ein wenig leid. Zumindest hatte er eine Lehre daraus gezogen und fing an, mitzudenken.

Ihr wüsstet wohl gerne, welche faulen Stücke ich in meiner Lehrzeit auf die Bühne gebracht habe? Da gibt es sicher einiges. Aber zum Glück schaffte es niemand, mich fragwürdige Maschinen beim Nachbarn holen zu lassen. Oder „Mehl hacken" ein anderer Klassiker. Dafür schaffte ich es, dass ich immer exakt zu dem Zeitpunkt, als eine Lebensmittellieferung kam (bei denen ich abladen helfen sollte), einen extremen Drang Richtung Toilette verspürte.

Der Mensch ist schon nicht fürs Bücken gemacht und zum Arbeiten erst recht nicht. Immer mit der Ruhe, dachte ich mir also. Lange durfte ich mir deswegen den Satz anhören „Ein guter Junge, das wird nochmal ein guter Chef! Vor allem deshalb, weil er nirgends auffindbar ist ..." Ein andermal fiel mir während des Mittagsservices, zwischen Stress, Geschrei und fliegenden Pfannen ein, dass ich eine Glühbirne wechseln könnte.

Nicht etwa, dass sie gerade in diesem Moment kaputt gegangen wäre. Sie brannte schon seit drei Wochen nicht mehr. Doch genau in diesem Moment stellte ich mich mitten in der Küche auf einen Stuhl und fing an, an der Lampe herum zu basteln. Ein Mitarbeiter dachte schon, ich wolle mich erhängen (Als ob ich je einen Grund dazu gehabt hätte). Seit diesem Zeitpunkt hieß es dann immer „Wenn bei uns ein Feuer ausbricht, das erste was wir retten müssen, ist unser Markus!"

Es brach kein Feuer aus und ich musste auch nicht gerettet werden. Ich hielt ja einiges aus. Heute muss man ja mit Azubis recht pfleglich umgehen, was an und für sich ja in Ordnung ist. Aber dass man bei einem falschen Wort, das im Stress fällt, schon wegen Mobbings angezeigt werden kann, finde ich bescheuert. Wer den Küchenumgangston nicht aushält und lieber Zärtlichkeiten austauscht, sollte besser einen anderen Beruf wählen.

Trotz allem muss ich zugeben, dass es in meinem Beruf wundervoll ist, wenn ich jemandem etwas beibringen darf. Auch wenn es oft dauert und einiger Reibereien bedarf, wenn jemand etwas nicht versteht oder verstehen will. Ist das Gelernte dann aber angekommen, freuen sich beide Seiten. Eine Seite, weil sie nun etwas Neues gelernt hat und eine neue Aufgabe hat. Die andere Seite freut sich, jemandem etwas beigebracht zu haben.

Nach der Lehrabschlussprüfung glauben die meisten, sie hätten ihre Lehre abgeschlossen. Das ist kompletter Blödsinn. Die größten Spezialisten sind jene, die glauben, bereits alles zu wissen. Wer sich nicht permanent weiterbildet, hat von vornherein verloren. Sehr gefährlich wird es, wenn man zu lange im selben Betrieb arbeitet (das habe ich bei einigen Kollegen selber erlebt). Deshalb ist es wichtig, sich weiterhin Inspiration von außen zu holen. So erhält man sich die Freude am Beruf. Glaubt nie, dass ihr schon angekommen seid, denn dann ist euer Leben wirklich gelaufen.

rohnen-strigoli
mit gebeizter forelle und zucchiniblüte

EINKAUFSLISTE

4 Personen

Rohnen-Strigoli

300g helles Weizenmehl
200g Hartweizengrieß
120g Rote Bete, gekocht und geschält, 2 Eier + evtl. Wasser (zusammen 250g Flüssigkeit)

Gebeizte Forelle

4 Forellenfilets, geputzt und grätenfrei
100g Rohrzucker
100g Meersalz
Schale von je 1 Zitrone und 1 Orange, fein gehackt
4–5 Dillzweige
2–3 Thymianzweige
1 Zitrone und 1 Orange, in Scheiben geschnitten

Fertigstellung

4 Zucchiniblüten
30g Stärkemehl
30g Mehl
100ml Mineralwasser
50g Butter
100ml Gemüsebrühe
2 Dillzweige, fein gehackt
Salz

ZUBEREITUNG ****

Rote Bete und Eier abwiegen, evtl. etwas Wasser hinzufügen, damit wir auf 250g Flüssigkeit kommen, zusammen mixen. Dann alle Zutaten zu einem Teig kneten. Diesen rollen wir mit den Händen zu 20 cm langen, 2–3 mm dicken Spaghetti. Fügen die Enden zusammen und rollen sie nochmals über den Tisch, sodass eine Art Zopf entsteht.

Die Filets legen wir nebeneinander auf der Hautseite in einen flachen Behälter. Zucker, Salz, Kräuter und Schalen vermischen, auf den Filets verteilen. Dann die Zitronen- und Orangenscheiben darauf legen und für 12 Stunden im Kühlschrank marinieren lassen. Gut abwaschen und mit einem Lachsmesser in feine Scheiben schneiden.

Die Blüten trennen wir von den Zucchini ab und entfernen den Stempel. Mehl, Stärke und Wasser rühren wir zu einem Teig. Wir wenden die Blüten in etwas Mehl, klopfen sie ab, ziehen sie durch den Teig und backen sie in 150°C heißem Fett aus. Auf ein Küchenpapier legen und salzen. Die Zucchini in kleine Würfel schneiden und kurz in Öl mit einigen Forellenscheiben andünsten. Dann Brühe und Butter dazugeben, würzen und etwas einkochen lassen und die gekochten Strigoli darin schwenken. Die restlichen Forellenscheiben auf die Teller verteilen, die Nudeln daneben anrichten und die gebackene Blüte darauf legen.

Forellen verzehrt man für gewöhnlich frisch vom Grill, oder auch mal geräuchert. Roh mariniert oder gebeizt, genießt man sie wohl eher selten. In dieser Form schmeckt sie jedoch sehr lecker. Wichtig ist natürlich, dass der Fisch absolut frisch ist, wie es immer sein sollte.

cannelloni mit räuchertopfenfüllung und brennnesselpesto

EINKAUFSLISTE

4 Personen

Teigblätter

300 g helles Weizenmehl
200 g Hartweizengrieß
4 Eier + Wasser (zusammen 230 g Flüssigkeit)

Brennnesselpesto

100 g junge Brennnesseln, gewaschen und ohne Stiele
20 g Cashew-Nüsse
100 ml Olivenöl
50 g frisch geriebenen Parmesan
Salz, Pfeffer

Béchamelsauce

(Seite 18)
1/2 Rezept

Räuchertopfenfüllung

1 Zwiebel, in kleine Würfel geschnitten
20 g Butter
50 g Räuchertopfen, fein geraspelt
250 g Ricotta
250 g gekochte und passierte Kartoffeln
Salz, Pfeffer, Muskatnuss

ZUBEREITUNG **

Einen Teig zubereiten und zu Lasagneblättern verarbeiten (Seite 15). Dann die Nudelblätter in 8x12 cm große Rechtecke schneiden.

Wir geben Brennnesseln, Öl und Nüsse in einen Mixer und mixen alles fein auf. Die Olivenölmenge variiert je nach Mixer, bei einem stärkeren Gerät braucht man weniger, bei einem schwachen um so mehr. Zum Schluss fügen wir den Parmesan dazu, dann schmecken wir mit Salz und Pfeffer ab.

Die Zwiebel in der Butter kurz andünsten. Dann mischen wir alle Zutaten in einer großen Schüssel zusammen und schmecken mit Salz, Pfeffer und Muskatnuss ab.

Auf die kurze Seite der Nudelblätter geben wir mit einem Spritzbeutel einen Streifen Füllung und rollen sie ein. Wir legen sie nebeneinander in eine Auflaufform und übergießen sie mit der Béchamelsauce.

Wir überbacken die Cannelloni für 20 Minuten bei 170°C im Backrohr. Dann richten wir sie auf den Tellern an und träufeln den Brennnesselpesto darüber.

Brennnesseln sind unheimlich praktisch. Sie wachsen sogar bei uns einige Monate lang und wenn nichts im Kühlschrank ist, geht man einfach vor die Tür und pflückt Brennnesseln. Sie sind gut für Suppen, Spinat oder wie hier für Pesto.

oliven-bandnudeln
mit kaninchen und melanzane

EINKAUFSLISTE

4 Personen

Bandnudeln

300 g helles Weizenmehl
200 g Hartweizengrieß
4 Eier + Wasser (zusammen
230 g Flüssigkeit)
30 g Taggiasca-Oliven, entsteint

Fertigstellung

2 Kaninchenkeulen (ca. 400 g)
3–4 getrocknete Tomaten
Samenöl zum Anbraten
200 g Auberginen (Melanzane)
Olivenöl
200 ml Kalbsjus (Seite 19)
1 Zweig Rosmarin
50 g Butter
Salz, Pfeffer

ZUBEREITUNG **

Die Oliven mixen wir mit den Eiern fein auf, dann kneten wir die Zutaten zu einem Teig. Diesen verarbeiten wir zu 1 cm breiten Bandnudeln.

Die Kaninchenkeulen entbeinen wir und stecken je 1 getrocknete Tomate und etwas Rosmarin in das verbleibende Loch. Wir braten sie auf allen Seiten an, würzen sie und geben sie für ca. 15–20 Minuten bei 160°C ins Backrohr. Währenddessen schneiden wir die Melanzane in Würfel und braten diese kurz in Olivenöl an. Wir würzen sie und stellen sie beiseite. Von den fertigen Kaninchenkeulen, schneiden wir eine in Würfel und geben sie mit Kalbsjus, den restlichen Tomaten, den Melanzane und etwas Butter in eine Pfanne. Wir schwenken die gekochten Oliven-Nudeln darin cremig. Auf den Tellern anrichten und je eine Scheibe der anderen Keule darauf legen.

In diesem Gericht vereinigen sich wieder eher mediterrane Geschmäcker. Oliven, Melanzane und getrocknete Tomaten lassen in uns die Sonne aufgehen, dazu passt noch der feine Geschmack des Kaninchenfleisches ... lecker!

15. seeeerrrvvviiiiiiccccceeee!!!!

Als Koch gilt man von vornherein als trinkfest. Überall, wo ich hinkomme, fällt früher oder später der Kommentar „Ach ja, ihr Köche trinkt ja alle ...“ Durchaus gibt es diejenigen, die morgens sehr viel Wein verkochen. Das nennt man dann „aufgießen“ oder „ablöschen“. Es ist eine Gratwanderung, morgens trinkt man erst ein Glas Weißwein, damit das Zittern aufhört. Dann bestellt man eine Runde Kaffee, manchmal auch zwei, das hat dann zur Folge, dass das Herz zu flattern beginnt. Schnell wieder mit einem Glas Weißwein beruhigen.

Nach soviel Weißwein kann es sein, dass man von einer leichten Müdigkeit angefallen wird. Dagegen hilft nur ein Espresso. Verflixt, ich habe vergessen, dass mir soviel Kaffee nicht gut tut und ich dann immer zu zittern anfange. Was macht man dagegen? Weißwein ...

Ungefähr so stellen sich viele Laien den Tagesablauf in der Küche vor. Mich könnte man sofort auf eine Bahre legen und gleich ein paar Kerzen daneben stellen, wenn ich am Morgen ein Glas Weißwein trinken müsste. Doch es gibt auch solche, die man ohne Stoff zum Frühstück aufbahren müsste, leider. Bei manchen ist ein Alkoholverbot schwerlich durchzusetzten, meist hilft nur ein „Betriebswechsel“, sprich eine Entlassung.

Hierzu fällt mir ein amüsantes Ereignis ein. Zwischen Küche und Tresen gab es ein kleines Fenster, besser gesagt ein Guckloch. Dieses konnte mit einem Holzbrett auf- und zugeschoben werden. Klopften die Köche dreimal an dieses Holzbrett, so bedeutete dies „Zwei Bier!“ Wie heißt das Wort mit zwei „t“? „Aber flott!“ Irgendwann wurde es dem Besitzer zu bunt und er verbot dem Kellner, den Köchen Bier in die Küche zu stellen.

Als es die nächsten dreimal klopfte, sagte der Kellner „Ich kann euch kein Bier mehr geben!“ Das Klopfen wurde energischer. „Der Boss hat gesagt, ich darf nicht, verdammt!“ Da kam die Antwort aus der Küche „Walter, du hast Durchfall!“ (im Original klang es etwas vulgärer ...) „Wie, was? Nein, habe ich nicht!“ „Du hast Durchfall.“ Die Köche waren wahrscheinlich Hellseher, denn kurz nach dem Mittagessen trat die Prophezeihung ein. Man unterschätze niemals die Macht der guten Südtiroler Küche.

Natürlich gibt es nicht nur versoffene Köche. Im Service ist man noch näher am Wein als in der Küche. Die Farbe Rot dominierte in den Gesichtern vieler Servicemitarbeiter. Genau jene Farbe, die es in 7/10 Flaschen zu kaufen gibt. An ein Serviceteam, erinnere ich mich besonders gut. Da war der Sommelier, der in der Küche „Cavatappi", zu Deutsch „Korkenzieher" genannt wurde. Er hatte den Wein nicht ungern (vielleicht berufsbedingt), doch mit seinem Charme schaffte er es, alles zu überspielen. Der andere wurde „Babbo Natale" (Weihnachtsmann) genannt. Dieselbe Optik, jedoch ohne Bart. Dann gab es noch einen Kellner, den einer meiner Mitarbeiter „Lagrein" getauft hatte, aufgrund seiner Gesichtsfarbe.

Im Allgemeinen gibt es zwischen Kellnern und Köchen einen großen Unterschied, dieser wird im angetrunkenen Zustand noch viel extremer. Ein Kellner bleibt stets freundlich und ruhig, ja wird mit ein, zwei Gläschen fast schon schleimig. Er lässt sich höchstens zu sarkastischen Kommentaren hinreißen. Dem Koch hingegen obliegt meist der cholerische Part.

Geschrei, fliegende Pfannen, Fußtritte, Fausthiebe gegen Schränke, Flüche, Schaum vor dem Mund, bis hin zu Beleidigungen und ähnlichem. Sticheleien von Seiten der Kellner können dann zur Explosion und zum Super-GAU führen. Alles schon erlebt (und teilweise auch selber praktiziert, gebe ich zu). Zumeist beobachtet der Kellner den Vulkanausbruch, um dann, beim ersten Abkühlen der Eruption, schnell ein paar Scheiter nachzulegen, damit das Feuer ja nicht erlöschen kann.

Sicher, ich kann nur aus meiner persönlichen Erfahrung sprechen. Doch zumeist war wirklich der Kellner der „Heizer" und der Koch fungierte als Ofen. Warum das so ist, keine Ahnung. Jeder sucht sich wahrscheinlich den Beruf aus, der zu ihm passt. Und deshalb „verstecken“ sich explosive Charaktere lieber in der Küche, weil sie ihren Emotionen vor den Gästen nicht freien Lauf lassen können.

Im Service braucht man ein dickes Fell, muss immer lächeln und darf sich seine aufkeimende Wut ja nicht anmerken lassen, wenn der Gast mal wieder glaubt, er sei König. Man ist auf alle Wünsche des Gastes eingegangen. Hat alle Extrawünsche und Umbestellungen der Küche erklärt und aufgezwungen. Sich dabei vom Küchenchef auch noch einen Anschiss eingefangen. Man fragt den Gast in aller Freundlichkeit „War alles in Ordnung? Hat Ihnen das Essen geschmeckt?“ „Nun ja, ich habe schon besser gegessen ...“ Dafür kann man dann ja ein bisschen den Koch ärgern, das macht Spaß und hinterher sieht das Leben schon wieder anders aus.

Aus Sicht der Küche ärgert man sich, wenn der Service (schon wieder) das Menü nicht gelesen hat. Oder dem Gast irgendwas über die Rezepturen und Ingredienzen vorschwafelt, was nicht der Realität entspricht. Das erzählt er mir auch noch in aller Seelenruhe. Dann will er mir den Teller davontragen, während ich diesen noch fertigstellen muss. „Halt!“ rufe ich, und nicht, dass der Teller dann etwa abgestellt werden würde. Nein, ich soll in der Luft arbeiten und mit ruhiger Hand die letzten Feinheiten fertigstellen, während der Teller hin und her zittert. Das ist ungefähr so, als würde man an einem fliegenden Jet Reparaturarbeiten durchführen.

„Stell den Teller hin, verdammt noch mal!!“
„Bleib cool! Was haben wir denn hier? Ist das der Lammbraten?“
„Nein, das Stubenküken. Mach endlich deine geschwollenen Augen auf!“
„Sieht aber eher nach Lamm aus.“
„Das denk ich mir, nach der Menge Gin Tonic, die du gestern verschwinden lassen hast. Eine Zisterne ist nix dagegen.“
„Wieso? Mir geht es gut heute, im Gegensatz zu dir.“
„Das glaube ich gerne, du konntest ja bis mittags ausschlafen!“

So hört sich eine gewöhnliche, auf hohem Niveau geführte Unterhaltung zwischen Service und Küche an. Tatsache ist jedoch, Service und Küche sitzen im gleichen Boot. Das beste Essen ist nichts wert, wenn es einem mit saurer Miene vorgeknallt wird. Da vergeht mir schon der Appetit. Dafür kann ein schlechtes Essen mitunter von einer freundlichen Bedienung gerettet werden.

Trotz aller Konflikte müssen wir zusammenspielen und können nicht gegeneinander arbeiten. Kleine Sticheleien gehören dazu, das macht den Pfeffer bei der Arbeit aus. Die Aufgabe der Bedienung ist, einen schönen Teller zu schätzen und auch entsprechend dem Gast zu präsentieren. Umgekehrt, wenn der Koch sich dem Kellner gegenüber freundlich verhält und dessen Arbeit ebenso wertschätzt, dann haben beide Seiten was davon.

tortellini mit schwarzwurzeln und ziegenkitz-consommé

EINKAUFSLISTE

4 Personen

Schwarzwurzelfüllung

500 g Schwarzwurzeln
50 g Butter
100 ml Gemüsebrühe
250 ml Milch
Salz, Pfeffer, Muskatnuss

Spinat-Nudelteig

Seite 158, doppelte Menge des Rezepts

Kitz-Consommé

300 g Kitz-Schulter
100 g Wurzelgemüse (Karotte, Sellerie, Lauch), gewaschen
1 Zwiebel
10 Pfefferkörner
3 Eiweiß
Lorbeer, Thymian, Rosmarin, Liebstöckl
Salz

Fertigstellung

50 g Wurzelgemüse, in Streifen geschnitten
Kresse

ZUBEREITUNG ***

Die Schwarzwurzeln waschen, schälen, grob zusammenschneiden und in der Butter farblos anschwitzen. Mit der Gemüsebrühe und der Milch aufgießen, würzen und weich kochen, bis die Flüssigkeit fast vollständig eingekocht ist. Dann mixen wir die Füllung im Cutter. Bei Bedarf binden wir sie mit Parmesan und Semmelbröseln.

Teig und Füllung zu kleinen Halbmonden verarbeiten und diese dann an den Ecken zusammenfalten.

Aus den angegebenen Zutaten, eine Suppe zubereiten, wie auf Seite 18 beschrieben.

Die Tortellini kochen und das Wurzelgemüse für ein paar Sekunden mitkochen. In tiefen Tellern anrichten, die Consommé dazu gießen und etwas Kresse darüber streuen.

Schwarzwurzeln kennen die meisten wohl auch nur aus der Dose. Wer sie im frischen Zustand schon mal gesehen hat, weiß, dass sie nicht nur im Geschmack, sondern auch in der Form den Spargeln ähneln. Lediglich die Farbe ist schwarz. Ihr süßlicher Geschmack harmoniert sehr gut mit der delikaten Ziegenkitz-Kraftbrühe.

safran-bigoli mit gebratener rehleber und roten zwiebeln

EINKAUFSLISTE

6–8 Personen

Teigblätter

450 g helles Weizenmehl
50 g Hartweizengrieß
4 Eier + Wasser (zusammen 250 g Flüssigkeit)
einige Safranfäden

Confit von roten Zwiebeln

300 g rote Zwiebel (möglichst aus Tropea, Kalabrien)
90 g Zucker
400 ml Rotwein
Salz

Rehleber

1 Rehleber (300 g)
50 g Butter
20 ml Brandy
1 Thymianzweig, 1 Rosmarin
1 Knoblauchzehe
Salz, Pfeffer

Fertigstellung

100 ml Fleischsuppe
30 g Butter

ZUBEREITUNG ***

Den Safran in den Flüssigbestandteilen auflösen. Aus den Zutaten kneten wir einen Teig und wickeln ihn für 10 Minuten in Klarsichtfolie ein. Dann teilen wir den Teig in kleine Stücke und rollen diese auf dem Tisch zu 5 mm dicken Bigoli.

Die Zwiebeln schälen wir und schneiden sie in Streifen oder Ringe. Wir lassen den Zucker in einem Topf hell karamellisieren, fügen die Zwiebeln hinzu und löschen mit dem Rotwein. Dann rühren wir mit einem Holzlöffel um und lassen die Flüssigkeit fast vollständig einkochen.

Die Leber von der Haut befreien und in Scheiben schneiden. Dann in der schäumenden Butter mit den Kräutern kurz auf beiden Seiten anbraten und mit Brandy löschen. Erst zum Schluss würzen wir sie mit Salz und Pfeffer.

Wir kochen das Zwiebelconfit mit der Fleischsuppe und der Butter cremig und schwenken die gekochten Bigoli darin. Auf den Tellern anrichten und die Rehleber darauf legen.

Wildleber sehe ich als eine besondere Delikatesse an. Man kriegt sie sehr selten, denn oft liegt sie in Fransen. Bleibt sie einmal ganz, so behält sie der Jäger gern selber. Deshalb sage ich immer „her damit“ wenn ich die Gelegenheit habe. Bigoli sind eine Art Spaghetti, die aus dem Veneto kommen und von Hand gerollt werden.

dinkelschnecke
mit rucola und topinambur

EINKAUFSLISTE

6–8 Personen

Rucolafüllung

150 g Ricotta
200 g Rucola
100 g Kartoffeln, gekocht und passiert
Salz, Pfeffer, Muskatnuss

Dinkelteig

250 g Dinkelvollkornmehl
150 g helles Dinkelmehl
100 g Hartweizengrieß
2 Eier + Wasser (zusammen 230 g Flüssigkeit)

Fertigstellung

100 g Topinambur, gekocht, geschält und gewürfelt
2 Tomaten
Olivenöl
Salz, Pfeffer
2 Blätter frischen Basilikum

ZUBEREITUNG ***

Rucola kurz dämpfen, in Eiswasser abschrecken und ausdrücken. Dann hacken wir sie auf und mischen sie mit den anderen Zutaten zusammen.
Wir schmecken sie mit Salz und Pfeffer ab.

Die Zutaten kneten wir zu einem Teig und verarbeiten diesen zu Lasagneblättern. Die Füllung streichen wir dann auf diese und rollen sie eng zu einer Schnecke ein. Diese schneiden wir in 3 cm lange Stücke und stellen sie nebeneinander in eine gefettete, ofenfeste Form. Für 7–8 Minuten bei 170°C im Backrohr wärmen.

Von den Tomaten entfernen wir mit einem Messer den Strunk und ritzen sie unten kreuzweise ein. Wir geben sie für 30 Sekunden in kochendes Wasser, schrecken sie in kaltem Wasser ab und schälen sie. Dann vierteln, die Kerne entfernen und in Würfel schneiden. In einer Pfanne die Topinamburwürfel mit Olivenöl anbraten, dann die Tomaten kurz dazugeben. Mit Salz, Pfeffer und Basilikum abschmecken, auf den Tellern verteilen und die Dinkelschnecken darauf setzen.

Cannelloni kann man auch mal anders machen. Zur Schnecke einrollen, schneiden und aufstellen zum Beispiel. Schon habt ihr ein vollkommen anderes Gericht. Eure Gäste müssen das ja nicht immer wissen. Schmecken sollte es aber dann trotzdem.

16. esskulturen und stammgäste

Andere Länder, anderes Essen, andere Sitten. Wer (auch nur ein wenig) mit anderen Menschen in Berührung kommt, stellt das unweigerlich fest. Ich lebe in einem Tourismusgebiet, das vor allem von Italienern und Deutschen besucht wird. So unterschiedlich und dann wieder so ähnlich. Als kleiner Junge auf einer Schutzhütte mitten in den Bergen lernte ich rasch, Italiener und Deutsche schon aus mehreren hundert Metern Entfernung zu unterscheiden.

Knickerbocker trugen damals beide Völker, karierte Hemden ebenfalls, woran unterschied man also die Bergsteiger? Haltet euch fest, an der Farbe der dazugehörigen Socken. Der Deutsche Gast kam mit roten „Stutzen“ daher, der Italiener trug stets gelbe. Ein verlässliches Zeichen für einen deutschen Gast, waren damals, bei schönem Wetter, die sogenannten Winterfenster. Sonnenbrillengläser, die man auf die Sichtbrille aufschraubte und hochklappen konnte. Ein furchtbarer Anblick, der zumeist in Kombination mit weißem Lippenbalsam in Erscheinung trat. Italiener konnte man von weitem schon an deren Akustik identifizieren. Da wurde immer das Echo getestet, bis dieses antwortete „Bastaaa!!“

Sicher, ich zähle hier gewisse Klischees auf, die aber leider sehr oft zutreffen. Heute sieht man auch Italiener mit roten Socken, anstatt gelber und natürlich gibt es auch Deutsche, die ordentlich „Casino“ veranstalten. Es gibt aber nach wie vor gewisse Unterschiede. Vor allem beim Essen. Wer zur Pasta einen Salat dazu isst, outet sich unweigerlich als Deutscher (mich eingeschlossen). Italiener dagegen brauchen Brot zum Essen, egal was es gibt. Südtiroler nehmen stets Salat und Brot zu sich, wir sind ja sozusagen eine Kombination aus beidem (nicht aus Salat und Brot, sondern aus Deutschen und Italienern ...).

Was ist typisch für deutsche Gäste? Setzen sich vier davon an einen Tisch, so bestellt jeder von ihnen sein eigenes Viertel Wein. Jeder bestellt einzeln, jeder bezahlt getrennt. Fragt ein deutscher Gast um eine Auskunft, so kann man davon ausgehen, dass er die Antwort

... und außerdem
bin ich Vegetarier,
aber Speck esse ich
trotzdem ...

bereits weiß. Das hört sich dann etwa so an: „Können Sie mir sagen, wie dieser Gipfel heißt?" „Natürlich, das ist der Zwölferkofel, dann haben wir daneben den mittleren Zwölfer oder Punta Frida. Weiter folgt dann die Cima d'Auronzo, die Punta Maria, die Forcella Maria, die Pezzios-Spitzen, der Ciastelin, der Todaio, die Croda di Ligonto, der Monte Giralba di Sotto, der Campanile Carducci mit dem Monte Giralba di Sopra, die Forcella Giralba, der Kleinste Zwölfer und die Dame Vicentine. Dann folgt der Kleine Zwölfer und beim Zwölferkofel haben wir ja angefangen." Die Antwort? „Richtig! Aber nennt man den Zwölferkofel nicht auch Croda dei Toni?" Genial, oder?

Was macht die Italiener einzigartig? Sie treten immer in Horden auf. „Mangiare" ist bei den Italienern ein gesellschaftliches Großereignis, mit der Mamma, dem Nonno, den Nipotini und Cugini und was weiß ich mit wem alles noch. Kommt die Bedienung zum Tisch und möchte gerne die Bestellung aufnehmen, so heißt es: „Wir warten noch." Worauf? Auf die Essenszeit. Der Italiener isst um 13.00 Uhr. Punkt. Dann aber muss schnell bestellt werden.

Einer bestellt für alle anderen, bevor diese sich überhaupt hingesetzt haben. Das macht es natürlich nicht einfacher, denn schließlich wollte der eine nicht Spaghetti mit Tomatensauce, sondern mit Olivenöl. Anstelle der Nudeln wollte er Reis, aber nicht mit Olivenöl, sondern mit Butter und Parmesan. Der andere wollte anstelle des panierten Schnitzels nur ein Naturschnitzel, aber nicht vom Schwein, sondern vom Rind oder, wenn es möglich wäre, vom Kalb. Aber nicht mit Salat, sondern mit Pommes. Oder macht ihr auch Bratkartoffeln? Dann mit Polenta, bitte. (Sehr wohl!)

Man gewöhnt sich an alles. Ich finde es zum Beispiel nicht mehr komisch, wenn jemand ein Wienerschnitzel bestellt und als Beilage ein paar Maccheroni dazu möchte. Ich wundere mich einfach nicht mehr darüber, obwohl es mir den Magen umdreht. Gewisse Geschmackskombinationen passen in meinem Kopf einfach nicht zusammen. Vielleicht gehen sie für jemand anderen in Ordnung, das mag schon sein. Was ich aber generell nicht verstehe, wie man etwas bestellen kann, was nicht auf der Speisekarte steht.

Es gibt Leute, die schauen gar nicht einmal in die Karte hinein. Wie kann man nur? Vielleicht liefert mir ja ein Gericht ein völlig neues Erlebnis. Oder solche, welche die Karte aufschlagen, um doch immer wieder dasselbe zu bestellen. Genau jene regen sich dann darüber auf, dass es überall nur das Gleiche gibt.

Dann gibt es noch diejenigen, die ein Restaurant mit einer Pizzeria verwechseln und sich selber ihre Rezepte zusammenstellen. Bitte in den Nudeln keinen Speck, sondern Schinken. Noch etwas Chili und ein paar Zucchini anstelle der Paprika. Zum Verständnis an alle, ein Restaurant ist keine Pizzeria. Ist ein Koch etwas wert, so hat er sich sicher Gedanken darüber gemacht, wie er die Teller zusammenstellt und was zueinander passt. Warum gebt ihr ihm nicht die Chance?

Wenn er es mehrmals verbockt hat, warum geht ihr dann noch in dieses Restaurant? „Ja, aber ich mag dieses nicht und bin auf jenes allergisch, und außerdem bin ich Vegetarier, aber Speck esse ich trotzdem ...“ Ihr glaubt mir nicht? Auch das habe ich erlebt. Dann die ganzen Pseudo-Allergiker. Natürlich gibt es Menschen, die auf irgendwas allergisch reagieren. Der Begriff wird aber leider sehr oft missbraucht, zum Leidwesen aller wirklichen Allergiker. Stellt euch vor, wenn ich Knoblauch esse, dann stößt er mir ganze drei Wochen auf. Das bedeutet noch lange nicht, dass ich allergisch auf Knoblauch bin, das ist bestenfalls eine Unverträglichkeit. Ich bin kein Arzt, aber soviel von Lebensmitteln verstehe sogar ich.

Meine lieben Gäste mögen mir meinen Redeschwall verzeihen. Als Wirt dient man auch als Psychologe und darf sich die Wehwehchen vieler Gäste anhören. Hier ist einfach nur zum richtigen Zeitpunkt auf Durchzug zu schalten. Ich will mich ja nicht mit runter ziehen lassen, sondern meinen Gästen soll es hinterher besser gehen.

Wenn also „Allergien“ auftauchen, so halte ich mich daran und mache noch einen Gast mehr glücklich. Umso mehr freue ich mich darüber, wenn er dann wieder kommt.

Allen kann ich es auch nicht recht machen, Gott sei Dank. Dem einen sind meine Portionen zu klein, dem anderen sind sie zu groß, dem einen bin ich zu teuer, dem anderen zu billig. Es kommt immer nur darauf an, mit wem man verglichen wird. Darum ist es einfach wichtig, unvergleichlich zu sein. Wer etwas bietet, was kein anderer hat, der hat schon gewonnen.

Jeder kriegt die Gäste, die er sich verdient. Für einen Koch gibt es nichts Schöneres, als das Feedback seiner begeisterten Gäste einzusammeln. Das wiegelt alle Umbestellungen, Allergien, Beschwerden und sonstige Heiterkeiten um ein Vielfaches auf.

Danke, lieber Gast.

kaffee-strozzapreti
mit perlhuhn und sesam

EINKAUFSLISTE

4 Personen

Kaffee-Strozzapreti

300 g helles Weizenmehl
200 g Hartweizengrieß
1 Espresso
3 Eier + Wasser (zusammen 240 g Flüssigkeit)

Sauce

1 Zwiebel
300 g Perlhuhnbrust, in Würfel geschnitten
1 Thymianzweig
50 g Sesam
Olivenöl
50 ml Weißwein
100 ml Fleischsuppe
50 g Butter
Salz, Pfeffer

ZUBEREITUNG **

Die Zutaten kneten wir zu einem Teig, den wir dann nicht zu dünn ausrollen. Wir schneiden ihn, zu 1,5 x 6 cm großen Streifen, die wir alle einzeln um einen Spieß rollen. Oder man rollt sie einfach einmal mit der flachen Hand auf dem Tisch, das geht etwas schneller.

Die Zwiebel in Streifen schneiden und in Olivenöl anbraten. Dann das Perlhuhn mit braten. Thymian und den Sesam dazugeben und mit dem Wein ablöschen. Jetzt gießen wir mit Fleischsuppe auf und geben die Butter dazu, lassen alles cremig einkochen und würzen mit Salz und Pfeffer. Nun schwenken wir die bissfest gekochte Pasta darin.

Wieder so eine verrückte Kombination, werdet ihr denken. Vor allem die italienischen Leser mögen mir verzeihen. Was Kaffeegenuss angeht, gibt es in Italien einige ungeschriebene Gesetze, bei Nichtbefolgung derer sich man unweigerlich als Ausländer outet. Ein Beispiel? Cappuccino nach dem Mittagessen ... Doch abgesehen davon, passen das Huhn und der Kaffee erstaunlich gut zusammen.

kichererbsen-bandnudeln

mit radicchio und gorgonzola

EINKAUFSLISTE

4 Personen

Kichererbsen-Pappardelle

200 g helles Weizenmehl
100 g Kichererbsenmehl
200 g Hartweizengrieß
4 Eier + Wasser (zusammen 230 g Flüssigkeit)

Fertigstellung

200 g Radicchio tardivo, in 4–5 cm lange Stücke geschnitten
Olivenöl zum Anbraten
100 ml Weißwein
250 ml Fleischsuppe
30 g Walnüsse, etwas zerdrückt
100 g Gorgonzola
Salz

ZUBEREITUNG *

Aus den Zutaten einen Teig bereiten. Dann rollen wir ihn aus und schneiden ihn in 2 cm breite Bandnudeln.

Die Pappardelle im Salzwasser bissfest kochen. In einer Pfanne den Radicchio im Olivenöl kurz anbraten, mit Weißwein löschen und mit Suppe aufgießen. Den Gorgonzola lassen wir darin schmelzen, salzen bei Bedarf nach und geben dann die Pasta und die Walnüsse dazu. Durchschwenken und servieren.

Radicchio gibt es in vielen Sorten, mein Favorit ist aber der „Tardivo“. Ich nenne ihn wegen seines Aussehens auch „Oktopus“. Er hat einigermaßen erträgliche Bitternoten und ist vielseitig verwendbar. Vor allem zum Grillen und Braten ist er wegen seiner stabilen Blätter bestens geeignet.

buchweizen-teigtaschen
mit kürbis und lebkuchen

EINKAUFSLISTE

4 Personen

Buchweizenteig

340g feines Buchweizenmehl
80g helles Weizenmehl
80g Hartweizengrieß
4 Eier + Wasser (zusammen 230g Flüssigkeit)

Kürbisfüllung

(Seite 24)

Fertigstellung

50g grob zerstückelte Lebkuchen (oder alternativ Amaretti)
50g Butter
einige Thymianblätter

ZUBEREITUNG **

Die Eier abwiegen und evtl. etwas Wasser hinzufügen, damit wir auf 230g Flüssigkeit kommen. Wir kneten alle Zutaten zu einem geschmeidigen Teig, den wir 10 Minuten in Folie eingewickelt ruhen lassen.

Die Füllung mit dem Teig zu Halbmonden verarbeiten.

Die Halbmonde in Wasser kochen, dann auf dem Teller mit den Lebkuchenstückchen bestreuen. Die braune Butter darüber gießen und noch die Thymianblätter darauf legen.

Obwohl kein Getreide, wird Buchweizen wie solches verwendet. Er hat in Südtirol lange Tradition und wird in der Küche auch heute noch vielseitig eingesetzt. Zumeist in Form von Süßspeisen, aber auch als Knödel. Oder wie hier, im Nudelteig verarbeitet.

17. schlutzige krapfen und der schwarze gürtel

Wenn ich aussuchen muss, welches das typische Südtiroler Gericht ist, so komme ich kurz ins Zweifeln. An den Knödeln kommt man fast nicht vorbei, doch ich finde sie schon fast etwas abgedroschen. Daher glaube ich, dass es viel eher die unzähligen verschiedenen frittierten Tirtlan (oder Tirschtlan) und Krapfen sind, die es in meinem kleinen Land gibt. Darunter sticht eine Krapfenart hervor, die nicht im Schweinefett gebacken wird, sondern im Wasser gekocht. Die Schlutzkrapfen oder „Schlutzer" wie man sie landläufig nennt, kann man somit auch als Nudelgericht bezeichnen, wenn man will.

Traditionell werden die Pustertaler Schlutzkrapfen mit einem großen Anteil an Roggenmehl hergestellt. Dies rührt sicherlich daher, dass der Roggen bei uns viel besser als der Weizen gedeiht. Weizenmehl war daher teurer und rarer. In meiner Umgebung hat ja auch das Roggenbrot große Tradition. Roggenmehl wurde in Verbindung mit Wasser unter anderem auch zum Kleben von Schuhsohlen verwendet. Es hat einen sehr hohen Kleberanteil und hat außerdem die Eigenschaft, dass es immer „in Bewegung" ist, ideal für einen Sauerteig. Ein guter Schlutzerteig sollte aber immer frisch verarbeitet werden, denn am darauf folgenden Tag hat er schon ganz andere Eigenschaften. Was das Ausrollen und Füllen der Schlutzer betrifft, gehen die Meinungen und Theorien weit auseinander.

Die klassischen Varianten gibt es mit Kartoffeln, oder mit Spinat und Topfen (einer Art Quark) gefüllt. Darüber hinaus findet man Schlutzer mit Graukäse, Roter Bete, Sauerkraut, Rübenkraut, Kürbis, Steinpilzen oder Pfifferlingen gefüllt. Welches das Original ist, lässt sich wohl schwerlich feststellen, natürlich beansprucht jede Talschaft das Original für sich. Interessant ist, dass fast jede Familie eine andere Schlutzervariante als die „richtige" ansieht. Woher kommt das? Wahrscheinlich von den Möglichkeiten, die jede Familie hatte und aus welcher Gegend die Mutter herkam. Ich erwähne bewusst nur die Mutter, weil die in den allermeisten Fällen für das Schlutzkrapfen „pitschen" (was soviel heißt wie zwicken) zuständig war.

Faszinierend sind auch die verschiedenen Zubereitungsarten für Schlutzkrapfen. Einmal gibt es jene, die den Teig großflächig von Hand ausrollen, runde Kreise ausstechen, mit der Fülle belegen und „pitschen". Das ist wohl die bekannteste und gängigste Methode. Ich als Kind der Moderne verwendete fürs Ausrollen von Beginn an eine Nudelmaschine. Daher hege ich größte Bewunderung für alle Bäuerinnen, welche die Geduld fürs händische Ausrollen noch immer haben. Eine kaum noch zu findende und wahrscheinlich die älteste Methode ist folgende, der Teig wird zu einer langen Wurst gerollt. Von dieser schneidet man Scheiben ab, die dann einzeln (!) zu Kreisen ausgerollt und gefüllt werden. Müsste ich auf diese Weise Schlutzer machen, so würde ich nach den ersten 10 Stück aufgeben, dafür hätte ich keine Nerven.

Selber bevorzuge ich folgende Zubereitungsart, mit der Maschine ausrollen, Fülle aufspritzen, zuklappen, andrücken und ausstechen. Ich behaupte, dass es nur komplett maschinell schneller geht. Richtig lustig wird „Schlutzapitschn" erst, wenn man zu mehreren ist. Natürlich braucht es dann die richtige Aufgabenteilung, jedem das, was ihm am besten liegt. Sonst werden alle anderen ausgebremst.
Das langsamste Glied in der Kette bestimmt die Geschwindigkeit.

Beim „ersten Mal" mit dieser Methode war ich einer von 5 Pitschern. Dreimal dürft ihr raten, wer der Langsamste war ... Entweder befeuchtete ich den Teig zu langsam, oder ich kam beim Zudecken nicht vorwärts. Dann wieder wurde ich beim Ausstechen vom „Einsammler" überholt. War ich beim Ausrollen, so warteten alle anderen auf den Teig. Wenn ich die Fülle auf den Teig geben sollte, so gab es Schlutzer mit Luftfüllung. Meine Kollegen hatten nicht bemerkt, dass ich die Füllung noch nicht auf dem Teig hatte und machten deshalb einfach weiter.

All das führte dazu, dass ich an mir arbeitete. Ich trainierte und probierte, zwickte Schlutzkrapfen, bis ich keine mehr sehen konnte.

Irgendwie ist doch
das ganze Leben
ein einziges
Schlutzapitschen

Irgendwann hatte ich es dann endlich geschafft und mir wurde feierlich der Schwarze Gürtel überreicht, in der Disziplin Schlutzapitschn. Von wem, natürlich von mir selber.

Verzeiht mir den kurzen Ausschweifer. Ich wollte euch damit veranschaulichen, dass man nicht alles sofort perfekt beherrschen kann. Ich war der Langsamste unter meinen Kollegen. Heute wären wohl sie mir zu langsam unterwegs. Trotzdem suche ich weiterhin nach Methoden, wie es schneller, einfacher und besser gehen könnte. Irgendwie ist doch das ganze Leben ein einziges Schlutzapitschen.

Ständig müssen wir an uns arbeiten, uns weiterentwickeln und verbessern. Wir probieren Neues aus und wenn es uns nicht gelingt, probieren wir es eben auf eine andere Weise. Sicher passieren dabei Fehler, doch aus denen sollten wir möglichst etwas lernen, sonst waren sie unnütz. Wichtig wäre dabei nur, sie nicht ständig zu wiederholen.

Schließlich gelingt uns etwas. Wir sollten uns dann über das Erreichen eines Zieles freuen und es auch ausgiebig feiern. Doch anschließend sollte man sich sofort neue Ziele setzen, denn sonst hat der soeben erlangte Schwarze Gürtel bestenfalls den Wert eines Bindfadens.

Jede Herstellungsmethode für die Schlutzkrapfen hat ihre Vor- und Nachteile. Daher sollte man die jeweils fremde Methode keineswegs als falsch ansehen. Sie hat unter gegebenen Umständen sicher ihre Berechtigung. Für die Methode, die ich verwende, braucht es vor allem eines, Platz. Wer den nicht hat, bevorzugt wahrscheinlich zu Recht eine andere. Außerdem muss ich sagen, wenn ich richtige „handgepitschte" Schlutzer einer Bäuerin genießen darf, so schätze ich diese umso mehr. Weil ich weiß, wieviel Zeit, Arbeit und Liebe in jedem einzelnen Krapfen steckt. Auch wenn ich vielleicht tausendmal mehr Schlutzer produziert habe, so hat jede Bäuerin den Schwarzen Gürtel tausendmal mehr als ich verdient.

schlutzkrapfen
mit spinat-topfenfüllung

EINKAUFSLISTE

4 Personen

Schlutzerteig

200 g helles Roggenmehl
200 g helles Weizenmehl
100 g Weizenvollkornmehl
2 Eier
etwas zimmerwarme Milch (Eier und Milch sollten zusammen 230 g Flüssigkeit auf die Waage bringen)

Füllung

150 g Spinat, gedämpft und fein gehackt
150 g Topfen
1 gekochte, passierte Kartoffel
1 Zwiebel, in kleine Würfel geschnitten
1 zerdrückte Knoblauchzehe
50 g Butter
Salz, Pfeffer, Muskatnuss

Fertigstellung

Parmesankäse
Butter
Schnittlauch

ZUBEREITUNG ***

Wir leeren alle Mehlsorten in eine große Schüssel und geben Eier und Milch dazu. Wir verrühren das Ganze mit den Händen, leeren die Masse dann auf eine glatte, bemehlte Arbeitsfläche und kneten sie durch, bis ein geschmeidiger, klumpenfreier Teig entstanden ist. Diesen rollen wir in Klarsichtfolie ein und lassen ihn für einige Minuten ruhen.

Die Zwiebel und den Knoblauch dünsten wir kurz in der Butter an. Dann geben wir alle Zutaten in eine Schüssel und vermischen sie gründlich.

Jetzt können wir Teig und Füllung, wie auf den Seiten 14, 16 und 17 beschrieben, zu Schlutzkrapfen verarbeiten.

Die Schlutzer geben wir für etwa zwei Minuten in kochendes Salzwasser. Dann holen wir sie mit einer Schöpfkelle aus dem Wasser. Richten sie auf dem Teller an und streuen geriebenen Parmesan, braune Butter und Schnittlauch darüber.

Ein Südtiroler Klassiker, von dem man einfach nie genug bekommen kann. Obwohl auf den Speisekarten für die Italiener oft als „Tiroler Ravioli“ beschrieben, so sind und bleiben sie ein typisches Südtiroler Gericht.

schlutzer
mit rote-bete-füllung und mohnbutter

EINKAUFSLISTE
4 Personen

Schlutzerteig

Rohnenfüllung
150 g Rote Bete, gekocht und geschält
150 g Ricotta, durch die Kartoffelpresse gedrückt
100 g gekochte, passierte Kartoffeln
Salz, Pfeffer, Muskatnuss

Fertigstellung
50 g Butter
50 g gemahlener Mohn
Schnittlauch

ZUBEREITUNG ***

Siehe Seite 210

Die Rohnen zerkleinern wir im Cutter und vermischen sie mit den restlichen Zutaten in einer Schüssel. Gut mit Salz, Pfeffer und Muskatnuss würzen und wie auf den Seiten 14, 16 und 17 beschrieben, zu Schlutzkrapfen aufarbeiten.

Die Schlutzer in Salzwasser bissfest kochen. In einer Pfanne die Butter leicht bräunen und den Mohn dazugeben. Die Schlutzer kurz in der Butter schwenken. Anrichten und mit Schnittlauch bestreuen.

Eine Variante der klassischen Schlutzkrapfen, die im Dolomitenraum häufig auf den Speisekarten zu finden ist. Die Rohnen sind eine der vielen Wurzelknollen, die bei uns im Pustertal letzthin wieder eine Renaissance erleben dürfen.

ziegenkäse-schlutzer
bockshörndlbutter und honigbirne

EINKAUFSLISTE

6–8 Personen

Ziegenkäsefüllung

150g Ricotta
150g gekochte, passierte Kartoffeln
100g Ziegenfrischkäse
Schnittlauch
Salz, Pfeffer und Muskatnuss

Dinkel-Schlutzerteig

250g Dinkelvollkornmehl
150g helles Dinkelmehl
100g helles Weizenmehl
2 Eier + zimmerwarme Milch (zusammen 230g)

Honigbirnen

2 Kaiser-Birnen
80g Honig
200ml Wasser
2 Gewürznelken

Fertigstellung

30g Karuben(Bockshörndl-)mehl
50g Butter
Schnittlauch

ZUBEREITUNG ***

Alle Zutaten miteinander in einer Schüssel vermischen, mit Salz, Pfeffer und Muskatnuss abschmecken.

Die Zutaten verarbeiten wir zu einem glatten Teig. Dann mit der Füllung zu Schlutzkrapfen verarbeiten (Beschreibung Seite 14, 16 und 17).

Die Birnen schälen, vierteln und entkernen wir. Die restlichen Zutaten miteinander aufkochen, dann die Birnen dazugeben und einmal mit aufkochen. Die Birnen an der breiten Seite mehrmals einschneiden und zum Fächer aufdrehen.

Die Schlutzer kochen, auf den Tellern anrichten und mit Karubenmehl, brauner Butter und Schnittlauch bestreuen. Die Birnen richten wir daneben an.

Wieder eine Variante der Schlutzkrapfen. Ein paar meiner Freunde sind „diplomierte Schlutzer-Tester“. Ich lud sie mal zu einer Schlutzerverkostung ein, sie gaben sich daraufhin den Titel selbst. Diese hier kamen dabei besonders gut an.

18. spaghettata

Spaghetti sind der Inbegriff für Nudeln und neben der Pizza italienisches Nationalgericht. Jeder kennt sie, fast jeder mag sie und auf den meisten Speisekarten sind sie zu finden.

Ob mit Bolognesesauce, alla carbonara, all' aglio, olio e peperoncino, schlicht und einfach mit Tomatensauce, mit Venusmuscheln, al pesto und so fort, es gibt sie in unzähligen Varianten. Italien wäre kaum vorstellbar ohne Spaghetti.

Bereits die Kinder lieben sie. Es macht ihnen einfach Spaß, sie auf der Gabel aufzudrehen oder einzeln in den Mund zu saugen. Je mehr die Tomatensauce dabei umherspritzt, desto lustiger wird es. Was bestellt man für die Kinder, wenn man in einem Lokal kein passendes Gericht auf der Karte findet? Spaghetti mit Tomatensauce.

Da kann der Koch springen und schreien, soviel er will. Um diesen Teller wird man wohl nirgends herum kommen. Obwohl ihn jeder auch zuhause zusammen bringen sollte, wird er trotzdem im Restaurant bestellt. Ich habe bis heute nicht verstanden, warum.

Also sollten wir Köche den Spieß umdrehen. Jeder sollte es sich zur Aufgabe machen, die besten Spaghetti mit Tomatensauce zu kochen. Warum nicht die einfachen Teller als Herausforderung sehen? Natürlich, wenn ich Massenproduktionsnudeln verkochen lasse, sie auf den Teller werfe, lieblos einen Schlatz (Kelle) gekaufter Tomatensauce darüber leere und dann noch eine Handvoll (zwei Wochen vorher geriebenen und furztrockenen) Parmesan darüber streue ... dann vergeht auch mir die Lust an einem Teller Spaghetti. Fraß nennt man so etwas im Fachjargon.

Man kann auch einen einfachen Teller mit Liebe zubereiten. Ein Teller Spaghetti, womöglich sogar selber gemacht, mit einer Sauce aus frischen Tomaten, verfeinert mit frischem Basilikum und mit einem hervorragenden Olivenöl gebunden ... das kann spektakulär schmecken.

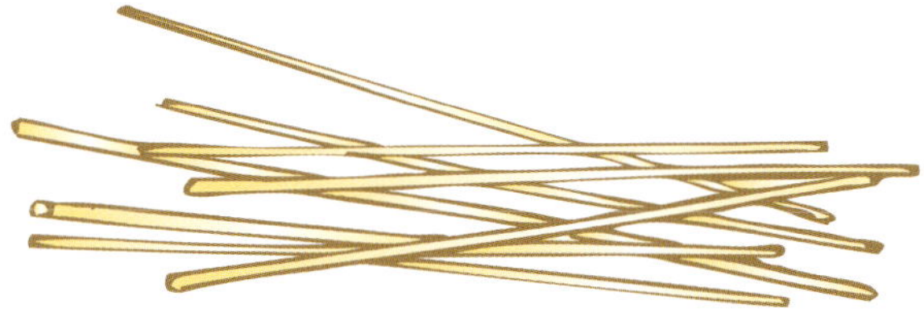

Dazu gehört aber auch Folgendes:

- Die Nudeln müssen in der Pfanne oder im Topf „geschwenkt“ werden. Pasta auf den Teller und Sauce darüber dient nur dazu, den Hunger zu stillen. Habt ihr schon mal versucht, Spaghetti im Teller mit der Sauce zu verbinden? Vergesst es, das kann nicht gut sein. Es kostet euch nix, hier kurz darauf Acht zu geben.

- Es braucht absolut hochwertige Zutaten. Tomaten aus der Dose kann man vertreten, aber bitte ohne Wasserzusatz, Farbstoffe, Geschmacksverstärker und so weiter. In die Sauce gehören außerdem frische Kräuter (egal, ob Basilikum, Majoran oder Oregano), sie sind unsere Geschmacksverstärker.

- Die Nudeln „al dente“, bitte. Ich weiß, ich wiederhole mich, aber für mich ist Pasta, die halb roh serviert wird, fast genau so schlimm wie verkochte.

Merkt euch einfach folgende Grundregeln, was ihr für ein paar Nudeln im Haus haben solltet. Pasta nach eurem persönlichen Geschmack, sollte immer vorhanden sein. Sehr wichtig ist hervorragendes Olivenöl. Weiter gehören einfach ein paar frische Kräuter dazu. Legt euch einen Blumentopf mit 4–5 Kräutern zu, dann ist dieses Problem gelöst. Einfach die, die euch schmecken, wie Basilikum, Thymian, Rosmarin, Salbei, Majoran, Oregano, um nur ein paar zu nennen. Alles andere ist relativ egal.

Sicher fragt ihr euch, warum ich hier aufliste, was in eine Speisekammer gehört. Dafür habe ich eine einfache Erklärung. In meiner Jugend (die natürlich ewig währt) feierte ich gerne mit meinen Freunden und Kollegen. Ihr kennt das sicher alle, den ganzen Abend nimmt man Flüssigkeit auf. Schließlich ist der Durst gestillt (oder auch nicht), dann kommt der Hunger, unvermeidlich.

In dem Fall gab es immer zwei Möglichkeiten, entweder man bestellte etwas zum Essen (was in Bars in unseren Tälern nicht immer verfügbar war) oder jemand erklärte sich bereit, bei sich zu Hause eine „Spaghettata“ zu veranstalten.

Ihr könnt euch vorstellen, dass sich, mit einem Koch in der Runde, die meisten vor dem Kochen zu drücken versuchten. Zumeist hieß es „Wir können zu mir gehen, aber kochen muss der Koch!“ Meine Berufskollegen unter den Lesern werden mich singen hören und nur zu gut verstehen, wovon ich spreche. Dann stand ich in einer fremden Küche, den Hausherrn oder die Hausfrau als Handlanger neben mir, und ich durfte mir etwas einfallen lassen.

Meine erste Frage lautete „Was ist im Haus?“ Die Antwort meistens „Nicht viel ...“ Somit riss ich den Kühl- und alle weiteren Schränke auf oder schaute in die Speisekammer, denn irgendwas musste es ja geben. Mit einer Zwiebel und einer Tomate kann man ja schon mal was anfangen. Vielleicht lungert irgendwo noch eine Dose Thunfisch rum? Die paar Besoffenen essen eh alles, hieß es dann. Einmal zum Beispiel fand ich lediglich zwei Eier, eine Karotte und einen Kohlrabi vor. Was macht man daraus? „Carbonara di verdure“, Not macht erfinderisch. Zwar fehlten die Kräuter, aber mein Gott.

Interessant ist auch, dass diese Speisekammer-Pasta eigentlich immer schmeckt. Ist es der Alkohol, oder einfach nur der Hunger? Sind sie wirklich sooo lecker, wie alle sagen? Tatsache ist, dass man auch so eine Pasta gut machen kann. Wichtig ist einfach auch hier, dass die Sauce an den Nudeln klebt. Und das kriegt ihr sogar bei einer „Spaghetti aglio, olio e peperoncino“ hin. Glaubt es mir, ich war früher selber nicht sehr überzeugt davon, doch ich wurde von meinem „Drill-Sergeant“ Fabio so lange darauf gedrillt, bis ich es verinnerlicht hatte. Ein Tropfen des Nudelkochwassers, Luft und ein Spritzer Olivenöl können das Resultat merklich verbessern. Natürlich gehört auch eine ordentliche Portion Liebe zum Detail dazu.

Sollte ich also irgendwann mal die Gelegenheit haben, in eurem Haus kochen zu dürfen, so kümmert euch bitte darum, dass ihr hervorragendes Olivenöl und Kräuter auf Vorrat habt. Sonst bin ich sofort wieder weg. Alles andere ist eigentlich egal, da kriegen wir schon etwas zusammen.

Notfalls zaubern wir ein paar Spaghetti mit Essiggurkenpesto. Nein, das ist vielleicht doch keine so gute Idee. Jedenfalls braucht es keinen überquellenden Kühlschrank für eine Spaghettata, denn die ist immer spontan. Doch auch für spontane Aktionen sollte man bestens gerüstet sein. Man weiß ja nie, ob nicht vielleicht der Autor dieses Buches unter den Gästen ist.

spaghetti alla chitarra
mit gemüse-carbonara

EINKAUFSLISTE

4 Personen

Spaghetti alla chitarra

500 g Hartweizengrieß
225 ml Wasser

Gemüse-Carbonara

250 g Gemüse, in streichholzgroße Streifen geschnitten (Zucchini, Karotten, Lauch, Zwiebeln, Paprikaschoten ...)
Olivenöl
50 ml Gemüsebrühe
50 ml Weißwein
4 Eigelb
Salz, Pfeffer, Muskatnuss

ZUBEREITUNG *

Aus den Zutaten einen Teig kneten. Diesen etwas dicker als gewohnt ausrollen. Wir schneiden ihn mittels des Tagliolini-Aufsatzes auf der Nudelmaschine zu Spaghetti mit quadratischem Querschnitt (alternativ zu besagter „Gitarre“).

Das Gemüse in Olivenöl ganz kurz anbraten (ohne Farbe zu nehmen) und mit Weißwein ablöschen. Brühe dazugeben und die Pfanne vom Herd ziehen. Das Eigelb verrühren wir derweil mit den Gewürzen. Wir kochen die Spaghetti bissfest und geben sie mit dem Eigelb in die Pfanne.

Nun die Pasta vorsichtig unter ständiger Bewegung (das heißt Schwenken oder Rühren) auf kleiner Flamme erwärmen, bis die Sauce an der Nudel kleben bleibt. Wird sie zu heiß, so stockt das Ei und die Pasta wird trocken. Wer auf Nummer sicher gehen will, erwärmt die Pasta in einer Schüssel über kochendem Wasser.

Carbonara kennt jeder, doch die wenigsten wissen, dass sie korrekterweise nicht mit Eigelb und Sahne zubereitet wird, sondern lediglich mit Eigelb. Für dieses Rezept schlage ich „Spaghetti alla chitarra“ vor, die man ausrollt und schneidet, indem man sie über eine „Gitarre“ rollt. Runde Spaghetti dagegen werden nicht ausgerollt, sondern einfach durch eine Matritze gepresst.

bucatini
mit käsesauce und dörrobst

EINKAUFSLISTE
4 Personen

Bucatini
100 g Weizenvollkornmehl
500 g Hartweizengrieß
210–220 ml Wasser

Käsesauce
250 ml Sahne
250 g Gorgonzola oder ähnlicher Blauschimmelkäse
Salz, Muskatnuss

Fertigstellung
150 g gemischte Trockenfrüchte: Mandeln, Walnüsse, Cashewkerne, Pistazien, Cranberries, Dörrbirnen, Rosinen
2–3 EL Honig

ZUBEREITUNG *

Alle Zutaten in der Maschine zu einem krümeligen Teig verarbeiten und durch die entsprechende Matritze pressen.

Den Käse entrinden und in Würfel schneiden. Wir kochen die Sahne auf, geben den Käse dazu und schalten die Hitze ganz zurück. Sobald der Käse geschmolzen ist, würzen wir mit etwas Salz und Muskatnuss.

Die Dörrbirnen schneiden wir in kleinere Stücke und auch die größeren Nüsse zerkleinern wir ein wenig. Wir kochen die Bucatini bissfest in Salzwasser und schwenken sie mit den Trockenfrüchten in der Käsesauce. Anrichten und mit etwas Honig beträufeln.

Auch wenn man sprichwörtlich (oder gar wörtlich?) nur Studentenfutter im Haus hat, so möchte ich hier den Beweis erbringen, dass man sogar daraus etwas Leckeres kreieren kann. Dass Käse, Honig und Trockenfrüchte zusammen harmonieren, kann kaum einer bestreiten. Doch eher selten kommt man auf die Idee, dass man daraus auch ein Pastagericht machen könnte.

paprika-spaghetti
mit sardellen und artischocken

EINKAUFSLISTE

4 Personen

Paprika-Spaghetti

600 g Hartweizengrieß
210–220 ml Wasser
2 EL Paprikapulver

Artischocken

4 große Artischocken
1 Thymianzweig
1 Rosmarinzweig
1 Knoblauchzehe
Olivenöl
Salz, Pfeffer
evtl. 100 ml Weißwein

Sauce

300 g Tomatensauce (Seite 28)
10 Sardellenfilets
50 ml Olivenöl
Schnittlauch
Basilikum, in Streifen geschnitten

ZUBEREITUNG *

Alle Zutaten in der Maschine zu einem krümeligen Teig verarbeiten und durch die entsprechende Matritze pressen.

Von den Artischocken entfernen wir die äußeren Blätter, die Blattspitzen und das Stroh. Sind die Stiele größer, so kann auch deren Inneres verwendet werden. Sofort mit Zitronensaft einreiben und in Zitronenwasser legen. Dann gleich in einer Pfanne das Öl erhitzen, die Artischocken in Spalten schneiden und mit den Kräutern braten. Wer möchte, löscht sie mit einem Schuss Weißwein ab.

Zu den Artischocken geben wir die Tomatensauce, die fein gehackten Sardellenfilets, das Olivenöl und etwas Pasta-Kochwasser dazu. Die „al dente“ gekochten Spaghetti in der Sauce schwenken und zum Schluss die gehackten Kräuter dazugeben.

Eine Pasta, wie sie einfacher nicht sein könnte. Wer hier keine Zeit zum selber machen hat, kriegt sowohl die Spaghetti, als auch Tomatensauce und Artischocken zu kaufen. Aber in der Vergleichsverkostung gewinnt natürlich haushoch die Marke Eigenproduktion.

19. die kunst der verwertung

Lebensmittel müssen mit Respekt behandelt werden. Soweit, so gut, dieser Meinung sind wir ja alle. Doch die Ansichten darüber, was eigentlich damit gemeint ist, gehen weit auseinander. Der Bauer pflanzt das Gemüse an, gießt es, düngt es, sieht es wachsen und sprießen. Er deckt es ab, gießt es wieder, wartet auf schönes Wetter oder betet für Regen und kann schließlich seine Ernte einbringen, wenn alles gut gelaufen ist.

Ähnlich beim Viehbauern, er lässt den Stier zum Besamen kommen, freut sich, dass es endlich gelungen ist. Bei der Geburt des Kalbes ist er natürlich dabei und er fühlt sich sogar ein kleines bisschen als Vater. Er sieht das Tier aufwachsen und gedeihen, füttert es, schaut, dass es seinen Auslauf bekommt. Nach ein paar Monaten begleitet er es zum Schlachthaus, wo er dem Tier bis zuletzt nicht von der Seite weicht. Das Fleisch wird erst dann weiter verarbeitet, wenn es den richtigen Reifegrad hat.

Das klingt alles erst mal idyllisch. Leider sieht die Realität zumeist ein klein wenig anders aus. Fleisch ist fast schon eine Ramsch-Ware. Schweinefilet wird teilweise billiger als ein Würstchen (das kaum mehr Fleisch enthält) angeboten. Beim Rind schaffen es viele sowieso nicht, etwas anderes als den Rücken oder das Filet zu verkochen. Ich finde das pervers, wenn von einem Tier praktisch nur die sogenannten „Edelteile“ verwendet werden und der Rest nur lästiger Abfall ist. Dazu kommt, müssen wir wirklich jeden Tag Fleisch essen? Das ist meines Erachtens nur eine blöde Gewohnheit.

Solange das Fleisch gegessen wird, ist es ja noch in Ordnung. Ihr habt aber keine Ahnung, was in Küchen so alles abgeht. Viele meiner Berufskollegen, genau jene, die am lautesten über „Respekt vor dem Produkt“ predigen, haben eine tolle Angewohnheit. Sie kochen wie die Götter und zaubern Gerichte, dass einem Hören und Sehen vergeht. An jedem zweiten Tag wird eine Generalrazzia in der Küche gemacht und alles, was vorbereitet wurde, landet in der Tonne.

Dabei geht es nicht um ein paar alte Cremen oder Saucen. Nein, im Müll landen Rinderfilets, die im Öl eingelegt waren. Gemüse, das noch frisch ist (nicht einmal vorgekocht, nur vorgeschnitten). Alles Lebensmittel, die noch bedenkenlos verwendet werden könnten. Ich war ehrlich gesagt, geschockt, als ich das zum ersten Mal sah. Für das Personal war aufgewärmte Lasagne (von der ich schon genug erzählt habe) gerade recht, dafür landeten Rinderfilets im Abfall.

Ich will damit garantiert nicht sagen, man soll dem Gast faules Gemüse und Gammelfleisch vorsetzen. Ich teile natürlich auch die Meinung, dass vieles, was man vorbereitet hat, nach zwei Tagen nicht mehr so schmeckt, wie in frischem Zustand. Doch wie löst man dieses Dilemma? Nun, ein paar Vorschläge hätte ich:

- Kleinere Mengen einkaufen und vorbereiten. Der Gast sollte auch Verständnis dafür haben, wenn ein Gericht einmal „aus“ ist. Ich weiß, dass ich bei vielen Gastronomen und Köchen damit in ein Wespennest steche, doch wenn alles frisch sein soll, dann kann auch das einmal vorkommen.

- Die Speisekarte „heiß waschen“, damit sie „eingeht“, sage ich immer. Wenn ich in ein Lokal komme und sehe eine Menüliste, die fast schon den Umfang der Bibel sprengt, so kommen in mir schon erste Zweifel hoch. Normalerweise gilt, je kleiner die Speisekarte, desto frischer der Inhalt. Bei hundert verschiedenen Gerichten kann man kaum noch den Überblick bewahren, es sei denn, man verwendet einen Großteil an Fertigprodukten. Oder man hat eine Armee an Köchen, was in den seltensten Fällen zutrifft.

- Den Gast sensibilisieren, was Wartezeiten angeht. Frische Küche nimmt für gewöhnlich etwas mehr Zeit in Anspruch als Fertigprodukte. Wer einen Risotto immer frisch kochen will, muss dem Gast auch mitteilen, dass dies mindestens 20 Minuten ab Bestellung dauert.

Die Ungeduld mancher Gäste ist schon fast legendär. Wer sich eine (!) Minute nach der Bestellung schon erkundigt, wo das Essen bleibt, hat von alledem nichts kapiert. Der wärmt sein Essen wahrscheinlich auch zuhause in der Mikrowelle.

Wer nicht kalkulieren kann, hat meines Erachtens keinen Respekt vor dem Produkt. Das gehört einfach dazu, mit den Lebensmitteln sparsam umzugehen. Doch es gibt auch noch andere „Faxen" in der gehobenen Gastronomie. Gemüse tournieren, zum Beispiel. Viel Arbeit und viel Abfall. Es sieht zwar wundervoll auf dem Teller aus, doch wenn dafür die Hälfte vom guten Gemüse in der Tonne landen muss, ist es besser, man lässt es bleiben.

Wer hingegen eine Verwertungsmethode für die Gemüsereste findet, dem „erlaube" ich es getrost, sein Gemüse in eine schöne Form zu bringen. Abschnitte von tournierten Kartoffeln lassen sich sehr schön verwerten. Ich erinnere mich, dass es einen Arbeitsplatz gab, wo sie direkt im Müll landeten. Im darauffolgenden Jahr arbeitete ich in einem anderen Hotel, dort gab es dieselben Abschnitte für uns Mitarbeiter. Frittiert als sogenannte „Pommes Vietnam". Die Optik war vielleicht nicht besonders, aber ich muss zugeben, sie schmeckten lecker.

Weil wir vorhin von der Mikrowelle sprachen, ein ehemaliger Boss von mir hatte andere Flausen. Er telefonierte uns an, wir sollten sofort seine Pasta ins Wasser werfen, damit er nicht auf sie warten musste. Normalerweise hatte er Verspätung und es gab dann trotzdem keine frische Pasta, er wärmte sie in der Mikrowelle. Doch er behauptete immer, man erkenne daran die Qualität der Pasta, wenn sie aus der Mikrowelle immer noch „al dente" war. Nun ja ...

Um zum Thema zurück zu kommen und einen meiner Chefköche zu zitieren „Jeder Koch sollte sein Gemüse selber anbauen müssen!" Auch seine Tiere selber aufpäppeln, möchte ich hinzufügen. Dann erledigen sich die oben aufgelisteten Punkte von alleine. Wer so wie ich, nicht die Möglichkeit hat, dies selber zu tun, sollte dafür engsten Kontakt zu seinen Lieferanten suchen. Auch dann entwickelt sich diese notwendige Sensibilität für die Lebensmittel von alleine. Besucht den Bauern auf dem Acker und seht mit zu, wie das Gemüse heranwächst. Seht euch das Tier an, bevor es geschlachtet wird, oder besser noch, begleitet es zur Schlachtung. Ihr bekommt unweigerlich Respekt vor dem Leben einer Pflanze oder eines Tieres. Ihr werdet euch das nächste Mal sehr gut überlegen, wie ihr etwas verwerten könnt, damit es nicht in der Tonne landet.

vollkorn-nudeln
mit bolognesesauce

EINKAUFSLISTE

4 Personen

Vollkorn-Bandnudeln

250g Weizenvollkornmehl
200g helles Weizenmehl
50g Hartweizengrieß
4 Eier + Wasser
(230g Flüssigkeit)

Bolognese

450g gemischtes Faschiertes (Hackfleisch) vom Schwein, Kalb und Rind
150g Wurzelgemüse, in kleinen Würfeln oder faschiert (Zwiebel, Karotte, Lauch, Stangensellerie)
1 zerdrückte Knoblauchzehe
200ml Weißwein
Samenöl zum Anbraten
500g geschälte, gewürfelte Tomaten (auch aus der Dose)
2 EL Olivenöl zum Binden
Basilikum, Majoran, Rosmarin, Salbei
Salz, Pfeffer

Fertigstellung

50g Butter
frisch geriebener Parmesan

ZUBEREITUNG **

Aus den Zutaten kneten wir einen Teig und wickeln ihn für 10 Minuten in Klarsichtfolie ein. Dann verarbeiten wir ihn zu 15 cm langen und 2 cm breiten Bandnudeln.

In einem Topf das Öl erhitzen, das Gemüse kurz darin anschwitzen. Das Fleisch dazugeben und ordentlich anbraten. Sobald sich am Boden ein schöner Satz gebildet hat, den Knoblauch dazugeben, mit dem Weißwein löschen und den Satz vom Boden lösen. Nun geben wir die Tomaten und das Olivenöl dazu, reduzieren die Hitze und lassen die Sauce etwa 20 Minuten köcheln. Ich empfehle dabei ständiges Umrühren und einen Deckel (Brand- und Spritzschutz). Zum Schluss die gehackten Kräuter dazugeben, mit Salz und Pfeffer würzen.

Wir rühren die kalte Butter in das kochende Ragout ein und schwenken die bissfest gekochte Pasta darin. Sollte die Sauce etwas zu dick sein, verlängern wir sie mit ein wenig Nudel-Kochwasser oder Fleischsuppe. Anrichten und nach Belieben mit Parmesan bestreuen.

Ein Klassiker, für den jede Hausfrau ihr eigenes Rezept hat. Ein bisschen sehe auch ich mich als solche. Wenn etwas „Ragout“ (wie diese Sauce bei mir zuhause auch genannt wird) übrig bleibt, so könnt ihr diese ohne weiteres einfrieren. Bitte unbedingt schwenken und nicht nur die Sauce einfach über die Pasta leeren!

rohnenteigtaschen
mit camembert-olivenfüllung

EINKAUFSLISTE

4 Personen

Rohnenteig

400g helles Weizenmehl
100g Hartweizengrieß
120g Rote Bete, gekocht und geschält, 2 Eier + evtl. Wasser (230g Flüssigkeit)

Camembert-Olivenfüllung

150g Ricotta
50g Taggiasca-Oliven
100g gekochte Kartoffeln
150g Bio-Camembert, in kleine Würfel geschnitten
Salz, Pfeffer und Muskatnuss

Fertigstellung

Olivenöl
100g Kirschtomaten
Basilikumpesto (Seite 76) oder frischen Basilikum

ZUBEREITUNG **

Rote Bete und Eier abwiegen, evtl. etwas Wasser hinzufügen, damit wir auf 230g Flüssigkeit kommen. Dann zu einem geschmeidigen Teig verarbeiten und ruhen lassen.

Die Oliven entsteinen und halbieren. Dann vermischen wir sie mit der passierten Kartoffel, der Ricotta und dem Camembert zu einer Füllung. Wir schmecken alles mit Salz, Pfeffer und Muskatnuss ab. Mit der Füllung zu dreieckigen Agnolotti verarbeiten.

Die Kirschtomaten lassen wir bei geringer Hitze im Olivenöl kurz „schmelzen". Wir schwenken die gekochten Ravioli darin, richten sie auf den Tellern an und träufeln etwas Pesto darüber.

Wie so viele Gerichte entstand auch dieses, als ein paar Lebensmittel aufzubrauchen waren. Ich hatte von einem meiner Bauern jede Menge Bio-Camembert bekommen (er ist meistens rar, daher musste ich zuschlagen). Dieser hatte gerade die richtige Reife. Erst fand ich es schade, ihn in den Ravioli zu verstecken, doch dort kam er dann richtig zur Geltung.

ravioli mit kalbfleisch,
datteltomaten und salbeibutter

EINKAUFSLISTE
6–8 Personen

Füllung

700g Bio-Kalbfleisch (Schulter), grob zusammen geschnitten
200g Wurzelgemüse (Karotten, Zwiebel, Lauch, Stangensellerie) in mittlere Würfel geschnitten
Samenöl zum Anbraten
100ml Weißwein
300ml Fleischsuppe
Thymian, Rosmarin, Salbei
Salz, Pfeffer

Teig

450g helles Weizenmehl
50g Hartweizengrieß
4 Eier + Wasser (230g flüssiges)
Mehl zum Ausrollen

Fertigstellung

Parmesan, frisch gerieben
100g Butter
150g Datteltomaten
8 Salbeiblätter

ZUBEREITUNG *****

In einem Topf das Samenöl erhitzen und das Gemüse darin anbraten. Dann geben wir auch das Fleisch dazu und braten dieses ebenfalls an. Am Topfboden sollte ein schöner Satz entstehen, den wir mit Weißwein löschen. Wir gießen mit der Fleischsuppe auf und fügen die Gewürze hinzu. Deckel drauf und bei reduzierter Hitze für ca. 45 Minuten schmoren. Sobald es weich ist, kommen Fleisch und Gemüse durch den Fleischwolf. Die Flüssigkeit lassen wir noch etwas einkochen. Dann entfernen wir die Kräuter, mischen alles zusammen und lassen es auskühlen.

Herstellung Ravioli siehe Seite 14

Während wir die Ravioli in Salzwasser kochen, lassen wir in einem Töpfchen die Butter mit dem Salbei leicht bräunen. Sobald der Salbei knusprig ist, geben wir die halbierten Datteltomaten dazu und wärmen sie. Die Ravioli richten wir auf Tellern an, bestreuen sie mit etwas Parmesan und gießen die Salbeibutter mit den Tomaten darüber.

Diese Ravioli habe ich zwar nicht erfunden, aber ich habe sie erstmals gemacht, als ich ein ganzes Kalb aufarbeiten musste. Cannelloni waren mir zu langweilig, also machte ich Teigtaschen daraus. Sie sind so beliebt, dass sie fast schon von Vegetariern gegessen werden ...

20. nudeln als konserve

Im letzten Kapitel sprach ich davon, dass alles nach zwei Tagen in der Tonne landen musste. Ist ja eigentlich egal, wo das war. Es gab dort jedenfalls auch Sachen, die wir (theoretisch) jeden Tag frisch machten. Besser gesagt, machen hätten sollen. Nun ja, als ein mit allen Gebirgswassern gewaschener Südtiroler, versuchte ich natürlich, Arbeit zu vermeiden wo es ging. Nur musste ich Arbeitsvermeidung im Verborgenen machen und da ich ja nicht der Schnellste war, fiel es auf, wenn eine Arbeit gar zu rasch erledigt war.

Auch die übrig gebliebene „Pasta fresca“ hätte etwa jeden Tag in der Tonne landen sollen. Das steigerte sich soweit, dass sie nach jedem Service, also zweimal am Tag, hätte verschwinden sollen. Dabei handelte es sich nicht nur um Bandnudeln. Es waren schwierig zu faltende Ravioli oder Nudelteigblätter mit eingeschlossen Kräutern. Diese Kräuter durften dabei nicht zu viel „verzerrt“ werden und alles musste natürlich millimetergenau geschnitten werden ... Keine kleine Arbeit also. Das zweimal täglich und obendrauf noch mit einer handbetriebenen Nudelmaschine, damit nur eine Hand für den Teig frei bleibt?

Natürlich ließ ich mir was einfallen. Ich fror die Pasta einfach ein. Das klappte hervorragend, bis der Chef sie im Tiefkühler entdeckte. Er explodierte wieder einmal und ich durfte mir eine Litanei anhören, was man alles mit Pasta NICHT machen dürfe. Außerdem schmeckte die Pasta, seiner Ansicht nach, total nach Kühlschrank. Auch wenn sie nur einen halben Tag eingefroren war. Ich musste ihm auf Knien schwören, dass ich die Nudeln von nun an jeden Tag frisch machen würde. Ab dem Moment schmeckte die Pasta nie wieder nach Kühlschrank.

Klar schmeckt frische Pasta besser, da möchte ich auch nicht widersprechen. Doch entweder sie wird sofort, das heißt innerhalb ein bis zwei Stunden verarbeitet, oder sie wird in einer Schutzatmosphäre verpackt, was aber dann nichts mehr für den Hausgebrauch ist. Wer Pasta daheim für längere Zeit, in möglichst gleich bleibender Qualität aufbewahren möchte, kommt ums Einfrieren nicht herum. Für Kartoffelteig (also Gnocchi, Schupfnudeln usw.) gilt übrigens dasselbe. Aber bitte nicht vorkochen und einfrieren, sondern einfach nur ausbreiten und einfrieren.

Trocknen funktioniert hervorragend bei Bandnudeln. Man hängt sie einfach über einen Holzstab und lässt sie dort ein bis zwei Tage trocknen. Bei anderen Nudeln ist der Trockenvorgang etwas komplizierter, da schafft man es nur mit speziellen Trockenschränken. Nicht umsonst gab es früher einige Gegenden, die für das Nudeltrocknen bekannt waren. Dort stimmten die klimatischen Bedingungen einfach. Meine Versuche, Pasta ohne Trockenschrank zu trocknen, sind fast alle kläglich gescheitert. Entweder die Nudeln waren voller Risse, oder sie bekamen sonderbare Farben und Gerüche. Es kann auch sein, dass ich die Flinte zu früh ins Korn geworfen habe, aber vielleicht finde ich ja noch das Ei des Kolumbus. Soweit meine Erfahrung jedoch reicht, ist es besser, aufs Einfrieren zurückzugreifen, wenn man Pasta konservieren will.

Es gibt auch ganz schlimme und eklige Pastakonservierungsmethoden. Leider schaffen es diese auch in den Handel und werden scheinbar noch gekauft... Wovon ich rede? Habt ihr noch nie Tortellini in der Dose gesehen? Mir dreht sich schon beim bloßen Gedanken der Magen um. Dann auch noch in der Sauce gelagert. Das sieht doch aus wie ...

Noch schlimmer sind aber die Plastikbeutel, mit vorgekochten Spaghetti und Sauce darin. Wenn ich solche Sachen sehe, bekomme ich 5 Zentimeter hohe Gänsehaut. Ekelhaft und ich hoffe stark, dass keiner von euch so etwas zu sich nimmt, ansonsten rate ich ganz rasch zu einem Entzug. Ich zwinge ja niemanden, die Pasta selber zu machen. Es gibt mittlerweile massenhaft gute Pasta zu kaufen, aber bitte nicht solche Abartigkeiten. Das ist doch zum Heulen, wenn man so etwas essen muss.

Ich bin überzeugt, dass ihr mit diesem Buch genug Anregungen kriegt, um diesen „Dreck“ NIE WIEDER zu euch nehmen zu müssen.

Diejenigen die zu faul sind, die Töpfe des Nudelkochwassers und der Sauce abzuspülen, werden mit Sicherheit auch niemals mein Buch kaufen. Außer, um sich die wunderschönen Bildchen anschauen und davon zu träumen, wie schön Essen doch sein könnte.

Um sich einen Teller Pasta zu kochen, braucht man keinen Lehrgang. Das Einzige, was einem gesagt werden muss ist, dass das Wasser erst kochen sollte, bevor man die Nudeln hinein wirft. Leider wissen das viele nicht, woher denn auch? Ich erinnere mich gerade an Agro, als ich ihn bat, mir zu zeigen, wie man das Fleisch aus einem Hummerpanzer kriegt „Wie, du hast noch nie einen Hummer ausgebrochen ...?" Wahrscheinlich habe ich deshalb Verständnis für jene, die nicht wissen, dass man Nudeln im kochenden Wasser zubereitet. Dabei das Wasser auch salzen und vielleicht ab und zu die Nudeln umrühren sollte.

Daheim jedenfalls besteht kaum Bedarf, Pasta konservieren zu müssen. Frische Eier und Mehl hat man für gewöhnlich immer im Haus, da ist es besser und schneller, sie „à la minute" zuzubereiten. Sollte man es nicht schaffen, portionsgenau zu kochen, kann man ja immer noch die übrigen Nudeln einfrieren. Oder eine Scheibe Brot dazu essen. Wenn ihr die Pasta absolut nicht selber machen wollt, kauft ihr euch eben ein paar Spaghetti und macht euch zumindest die Sauce selber.

fusilli mit bärlauchpesto
und frischen tomaten

EINKAUFSLISTE

4 Personen

Fusilli

600 g Hartweizen
210–220 ml Wasser

Bärlauchpesto

100 g Bärlauch
20 g geröstete Pinienkerne
100 ml Olivenöl
50 g frisch geriebenen Parmesan
Salz, Pfeffer

Fertigstellung

300 g reife Strauchtomaten

ZUBEREITUNG *

Die Zutaten in der Maschine zu einem krümeligen Teig kneten und anschließend durch die passende Matritze pressen.

Den Bärlauch waschen wir, trocknen ihn mit der Salatschleuder und mixen ihn mit dem Öl und den Pinienkernen fein auf. Zum Schluss fügen wir den Parmesan dazu, mit Salz und Pfeffer abschmecken.

Von den Tomaten entfernen wir den Strunkansatz mit einem Messer. Auf der anderen Seite kreuzweise einritzen. Wir geben sie für 30 Sekunden in kochendes Salzwasser und legen sie anschließend sofort in eine Schüssel mit Eiswasser. Dann ziehen wir die Schale mit dem Messer ab. Tomaten vierteln, die Kerne entfernen und in Streifen schneiden. Den Pesto mit den Tomaten in einer Schüssel über dem Pasta-Kochwasser leicht erwärmen und die gekochten Fusilli darin schwenken.

Ein hurtiges Gericht, das natürlich auch mit Basilikumpesto hervorragend schmeckt. An den Schraubennudeln mag ich besonders, dass an ihnen jede Sauce haftet. Das macht es bedeutend einfacher für uns am Herd.

zimt-malloreddus
mit wachtel, trauben und cashewkernen

EINKAUFSLISTE
4 Personen

Zimt-Malloreddus
300 g helles Weizenmehl
200 g Hartweizengrieß
1 TL Zimt
3 Eier + Wasser (zusammen 240 g Flüssigkeit)

Sauce
4 Wachteln
1 Thymianzweig, 1 Majoran
Olivenöl
100 g kernlose weiße Trauben
50 ml Weißwein
40 g Cashewkerne
100 ml Fleischsuppe
50 g Butter
Salz, Pfeffer

ZUBEREITUNG ***

Die Zutaten kneten wir zu einem Teig, den wir dann mit den Händen zu 1,5 cm dicken Strängen rollen. Diese schneiden wir in 1 cm große Stücke. Mit dem Daumen auf ein Holzbrett drücken und herunter rollen.

Die Cashewkerne halbieren, in einer beschichteten Pfanne kurz rösten und beiseite stellen. Von den Wachteln Brüstchen und Keulen ablösen. Von Haut und Knochen befreien. Die Brüstchen in einer Pfanne mit den Kräutern anbraten. Die Keulen schneiden wir in kleine Würfel, ebenfalls anbraten. Die Brüstchen aus der Pfanne nehmen und warm stellen.

Dann geben wir die halbierten Trauben in die Pfanne und löschen mit dem Weißwein. Suppe, Butter und Nüsse dazugeben, würzen und etwas einkochen lassen. Wir schwenken die Malloreddus darin, richten an und legen die gewürzten Brüstchen oben drauf.

So klein Wachteln auch sind, verzaubern sie doch immer wieder durch ihren Geschmack. Dieses Gericht wurde als Antipasto geboren und hat sich dann zum Pastagericht weiter entwickelt. Dafür wurde der Zimt, mit dem sonst einfach gewürzt wurde, in den Teig eingearbeitet.

steinpilz-caserecce
mit gamsragout und granatapfelkernen

EINKAUFSLISTE

4 Personen

Pilznudeln

100g helles Weizenmehl
500g Hartweizengrieß
30g getrocknete Steinpilze
210–220ml Wasser

Gams-Ragout

300g Gemsenfleisch (Schulter), in kleine Würfel geschnitten
120g Wurzelgemüse (Zwiebel, Lauch, Karotte, Sellerie), in kleine Würfel geschnitten
Samenöl zum Anbraten
10g Tomatenmark
1 zerdrückte Knoblauchzehe
100 ml Rotwein
1/2 l Fleischsuppe
3 Wacholderbeeren
1 Lorbeerblatt, 2 Thymianzweige
1 Rosmarinzweig, 1 Salbei
20g Stärkemehl, in kaltem Wasser aufgelöst
Salz, Pfeffer

Fertigstellung

50g Butter
1 Granatapfel

ZUBEREITUNG ***

Die Pilze mit einer Kaffeemühle zu feinem Pulver mahlen. Dann alle Zutaten in der Maschine zu einem krümeligen Teig kneten und anschließend durch die passende Matritze pressen.

In einem Topf erhitzen wir das Samenöl und schwitzen das Wurzelgemüse kurz darin an. Wir nehmen es aus dem Topf und braten dann das Fleisch kräftig an. Sobald ein schöner Bratensatz am Boden entsteht, kommt das Gemüse, der Knoblauch und das Tomatenmark dazu. Wir rösten es kurz mit und löschen mit dem Rotwein. Diesen lassen wir fast vollständig einkochen und bedecken dann alles mit der Fleischsuppe (oder Wasser). Jetzt kommen die Gewürze dazu. Wir lassen das Ragout ca. 30 Minuten köcheln und schmecken es mit Salz und Pfeffer ab. Zum Schluss rühren wir die Stärke ins kochende Ragout ein.

Die Pasta kochen wir bissfest in Salzwasser. Die kalte Butter ins kochende Ragout einrühren und die Pasta darin schwenken. Anrichten und mit den frisch ausgelösten Granatapfelkernen bestreuen.

Pilze und Wild sind für mich zwei typische Gebirgszutaten. Beide Geschmäcker lassen „wilde“ Gefühle aufkommen, die durch die frischen Granatapfelkerne etwas besänftigt werden. Gerade diese verleihen dem Gericht eine besondere Note.

21. **zwei bretter,** die die welt bedeuten

Was wäre ich ohne die zwei Bretter, auf denen man draufsteht und über den Schnee düst? In meinem Dorf gilt es ja fast schon als Gotteslästerung, wenn man nicht Skifahren kann. Den Kindern werden gleich einmal nach der Geburt die Skier angeschnallt und bevor sie laufen können, haben sie schon das Ski fahren erlernt. So ähnlich wie einem Venezianer, dem vor dem ersten Kuscheltier ein Ruder in die Hand gedrückt wird.

Was das Erlernen des Skifahrens anging, war ich auch dort nicht gerade der Schnellste und der Mutigste. Trotzdem hatte ich, soweit ich mich erinnern kann, an fünf aufeinander folgenden Wintern das Glück, einen Gips tragen zu dürfen. Einmal brach ich mir das Schlüsselbein, das Knie, die rechte Hand, die linke Hand und dann wieder die rechte Hand. So ein richtiger Bruchpilot also. Doch waren erst einmal alle Bestandteile ausgetauscht, klappte es endlich mit dem Skifahren. Dabei hatte ich mit meinem Vater den Skilehrer in der Familie. Theoretisch hätte es also schneller gehen müssen. Egal, das ist vorbei und heute kann ich es. Obwohl ich nicht sehr häufig die Gelegenheit dazu habe, da bei uns im Winter Hochsaison ist.

Ich erinnere mich, wie zu Beginn meiner pubertären Zeit das Snowboarden auftauchte. Damals schien es beinahe so, als würden die Skier über kurz oder lang sowieso verschwinden. Gut, ich war ein sturer Skifahrer. Aber in meiner Schulklasse häuften sich die Überläufer. Zu Beginn waren die Snowboarder als „Brettlrutscher" und „Pistensitzer" verschrien, doch nach etwa einem Jahr hatten sich die Ansichten merklich geändert. Mir wurde sogar nahegelegt, ich solle mich schämen mit meinen zwei Brettern. Doch das interessierte mich wenig, denn ich hätte mich auch für die Musik schämen sollen, die ich hörte (Genesis waren auch damals schon relativ uncool bei jungen Leuten). Ebenso für meinen Walkman, denn der moderne Mensch hatte ja schon einen Discman. Egal, jedenfalls war die Erfolgsgeschichte der Snowboards von kurzer Dauer. Auf einmal kam der Carving-Ski und heute sind die Snowboarder wieder eine kleine Minderheit.

Obwohl es insgesamt sicher mehr Nicht-Skifahrer als Skifahrer gibt, so bleibt der Alpinski immer noch der Inbegriff des Wintersports. Natürlich gibt es das Langlaufen, Rodelfahren, Eislaufen, Schneeschuhwandern, das Tourengehen und was weiß ich noch alles. Ich glaube kaum, dass eine dieser Sportarten dem Skifahren den Platz streitig machen könnte. Spricht man von einem Wintersportort, so ist in erster Linie interessant, ob es dort ein großes Skigebiet gibt. Auch für den Gast, der nicht auf die Piste will. Doch der Spaßfaktor ist dort einfach am größten. Oder kann sich jemand von euch Aprés-Ski auf der Langlaufloipe vorstellen? Außerdem ist es mit weniger Anstrengung verbunden, weil man ja mit dem Lift hochfahren kann.

Kulinarisch gesehen konnte man in den meisten Skihütten, bis vor einigen Jahren, keine großen Highlights erwarten. Hier war es mit dem Spaßfaktor dann vorbei. Überall gab es dasselbe, ein paar fertige Germknödel, Kaiserschmarren aus der Tüte, Spiegeleier, vielleicht noch ein Gulasch und von den Nudeln ganz zu schweigen. Nicht sehr ansprechend für den Gaumen.

Es gibt viele Gäste, die vor lauter Gewohnheit immer noch nicht in die Speisekarte schauen und einfach etwas von den oben genannten „Gerichten" bestellen wollen. Wofür gibt es denn eine Speisekarte? Manchmal kommt man sich vor, wie ein Prediger in der Wüste, wenn man etwas Ungewohntes anbietet.

Es ist aber schon erschreckend, wie sich das Speisenangebot verschiedener Hütten ähnelt. Auch mein eigener Betrieb bildete lange Zeit keine Ausnahme. Die können doch alle selber denken, möchte man meinen. Doch den größten Fehler macht man beim Eröffnen. Zuerst wird geschaut, was die anderen anbieten. Das wäre ja an und für sich nicht falsch, wenn man sich etwas einfallen ließe, was keiner macht. Aber stattdessen wird das angeboten, was die anderen auch schon haben.

Den Kindern werden gleich einmal nach der Geburt die Skier angeschnallt ...

Gott sei Dank hat sich in meiner Heimat das Angebot auf den Skihütten merklich gebessert. Dass die Schlutzkrapfen selber gemacht werden, ist fast schon eine Selbstverständlichkeit. Überhaupt sind Pastagerichte auf der Skipiste ein großer Renner. Sie sind relativ schnell zubereitet und man ist satt. Wieder voller Energie, um es auf der Piste oder beim Aprés-Ski krachen zu lassen. Fahre ich selber Ski, so wird zuerst gefahren und dann wird genossen. Das Wichtigste dabei ist, stressfrei.

Ich bin schon froh, wenn ich an den wenigen Skitagen, die ich habe, mich nicht im Selfservice anstellen muss. Ich setze mich hin, lasse mich bedienen und habe gerne etwas Ordentliches zum Essen. Alles mit der Ruhe und viel Genuss. Fahre ich alleine, so bin ich den ganzen Vormittag auf der Piste. Mittags, wenn der Großteil aller anderen Skifahrer beim Essen sitzt, bleibe ich weiter auf der Piste. Dann, wenn wieder alle aus den Hütten kommen, wird es mir zu gefährlich und ich gehe selber essen, danach schnurstracks nach Hause. Anders ist der Ablauf, wenn man in Gesellschaft ist. Da wird keine Hütte ausgelassen ...

Dass auch das Mittagessen zum Skitag dazugehört, gilt scheinbar nicht für alle. Mache stürmen in die Hütte und bevor sie einen Tisch gefunden haben, wollen sie schon das Essen bestellen. Auch für die anderen, die noch auf der Piste sind, wird bestellt. Endlich setzen sie sich hin. Dann wird aber sofort nachgehakt, ob das Essen schon gleich kommt, denn in 20 Minuten haben sie ja Skikurs. „Ja, das Essen kommt!“ Aber die anderen sind noch nicht da, bitte stellt doch das Essen kurz warm. Jawohl. So, jetzt sind die anderen gekommen. Die Nudeln muss ich jetzt frisch machen, die sind verkocht. Jetzt hat der Gast meinetwegen (!) eine halbe Abfahrt weniger machen können, weil ich seine Pasta nochmals zubereiten musste. Sorry, ich bin nicht schneller.

„hittn-nudl“ oder „hauspaschta“
(pennette nach hirtenart)

EINKAUFSLISTE

4 Personen

Pennette

600 g Hartweizengrieß
210–220 ml Wasser

Hirtensauce

1 gelbe Paprikaschote
1/2 Zwiebel
50 g Champignons
50 g Speck
50 g gekochter Schinken
1 gehackte Knoblauchzehe
Olivenöl
50 ml Weißwein
300 g Bolognese (Seite 230)
100 g Tomatenwürfel
(aus Glas oder Dose)
50 ml Olivenöl
Lorbeer, Majoran, Basilikum
Salz, Pfeffer, Chili

Fertigstellung

150 ml Sahne
Parmesan, frisch gerieben

ZUBEREITUNG **

Alle Zutaten in der Maschine zu einem krümeligen Teig verarbeiten und durch die entsprechende Matritze pressen.

Paprikaschote und Zwiebel schneiden wir in Streifen. In einem Topf mit Olivenöl anbraten. Die Champignons vierteln und mit dem Knoblauch dazugeben. Speck und Schinken in kleine Fleckerln schneiden und mit dem Gemüse kurz mitbraten, mit Weißwein löschen. Jetzt gießen wir Bolognese, Olivenöl und Tomaten auf. Wir geben die Kräuter dazu, würzen und lassen alles auf kleiner Flamme etwa 10 Minuten köcheln.

Die Sahne geben wir zur Sauce und lassen sie zur Bindung kurz einkochen. Bei Bedarf verlängern wir mit Nudelwasser. Die gekochten Nudeln darin schwenken und mit Parmesan bestreuen.

Diese Pasta findet man, mit kleinen Unterschieden, auf jeder Berghütte in Südtirol. Es wechseln vor allem die Bezeichnungen, die da lauten „Hirten-maccheroni“, „Penne Chef“, „Pasta nach Art des Hauses“ oder „Maccheroni NamederHütte“. Im Prinzip ist immer dasselbe Gericht damit gemeint.

pasta e fagioli

EINKAUFSLISTE

4 Personen

Spinat-Nudelteig
(Seite 158)

Bohnensuppe
300 g getrocknete Borlotti-Bohnen, über Nacht in Wasser eingeweicht
Olivenöl
1 Bund Frühlingslauch, in 1/2 cm dicke Rädchen geschnitten
20 g Tomatenmark
Salz, Chili, frischer Basilikum
100 g helles Wurzelgemüse (Zwiebel, Schalotte, Lauch Stangensellerie), grob gewürfelt
1 Knoblauchzehe
100 ml Olivenöl
1 Kräuterbündel (Thymian, Rosmarin, Lorbeer, Salbei)

ZUBEREITUNG **

Den Teig ausrollen und in 3 x 3 cm große Quadrate schneiden.

In einem Topf das Olivenöl erhitzen und den Frühlingslauch darin anschwitzen. Die Bohnen abtropfen lassen und dazugeben. Nun kommt das Tomatenmark hinzu und wird kurz mitgeröstet. Bohnen mit Wasser bedecken und für 1,5–2 Stunden weich kochen.

Währenddessen in einem anderen Topf das Gemüse und den Knoblauch im Olivenöl bei geringer Hitze weich schmoren. Zum Schluss die Kräuter für 2 Minuten im Öl ziehen lassen, dann wieder heraus nehmen. Das Olivenöl-Gemüse-Gemisch mixen wir mit etwa 1/3 der Bohnen fein auf und mischen es zu den restlichen Bohnen. Alles mit Salz, Chili und Basilikum abschmecken. Dann die Nudelfleckerln in der Suppe kochen und servieren.

Für viele grenzt es an Blasphemie, wenn man sich an Klassiker heranwagt. Doch die Pasta e fagioli ist ein Eintopf, den jede Hausfrau im Veneto (wo sie wohl herkommt) anders zubereitet. Mal mit Speck, mal mit Würsten, mit Fusilli oder was weiß ich womit. Dann darf auch ich hier meine ganz einfache Variante vorstellen.

pizzoccheri mit blauen kartoffeln,
wirsing und bufala

EINKAUFSLISTE

4 Personen

Pizzoccheri

340g feines Buchweizenmehl
80g helles Weizenmehl
80g Hartweizengrieß
4 Eier

Fertigstellung

200g blaue Kartoffeln, geschält und in kleine Würfel geschnitten
100g Wirsing, in 4 x 4 cm große Quadrate geschnitten
1 Büffelmozzarella, in Würfel geschnitten
Salz, Pfeffer
100g Butter

ZUBEREITUNG *

Die Zutaten kneten wir zu einem Teig und verarbeiten diesen zu 8 mm breiten Bandnudeln.

Die Kartoffeln kochen wir in Salzwasser. Der Wirsing wird blanchiert (kurz ins kochende Wasser geben). Dann geben wir beides in eine Pfanne mit Butter. Die Pasta kochen wir bissfest im selben Wasser und geben sie zu den Kartoffeln und dem Wirsing in die Pfanne. Bei Bedarf etwas Kochwasser dazu geben. Im letzten Moment erst kommt die Büffelmozzarella dazu und wird mit durch geschwenkt.

Diese Pasta kommt ursprünglich aus dem Veltlin (Valtellina). Ich habe sie ganz leicht an meinen Geschmack angepasst, weil mir der Teller zwar immer schmeckte, ich aber die im Original viel kürzeren Nudeln nicht sonderlich mochte. Traditionell werden die Kartoffeln, der Wirsing und die Pasta nacheinander im selben Wasser gekocht.

22. äpfel, wein und markenspeck

Das Südtiroler Dorf weist in erster Linie drei Merkmale auf. Bei der Entstehung neuer Siedlungen hatte ihr Bau sicher Priorität. So wie es Frau und Mann für ein neues Leben braucht, benötigt man sie für ein neues Dorf. Welche sind das wohl? Ganz einfach:

1. Eine Kirche mit markantem Kirchturm. Wir sind ein katholisch erzogenes Volk. Mein Heimatdorf Innichen hat sogar zwei Kirchen nebeneinander. Entweder waren die Innichner besonders heilig oder besonders missionierungsbedürftig. Jedenfalls gibt es kein Dorf ohne Kirche. Umgekehrt geht es schon eher.

2. Einen Fußballplatz. Den findet man in jedem Nest. Auch wenn die Siedlung, an noch so einem steilen Hang stehen sollte, ein Fußballplatz passt überall hin. Sicher, man darf mancherorts den Ball nicht ins Aus schießen. Sonst ist er im Nachbardorf abzuholen, das 500 Meter tiefer im Tal liegt. Es soll auch schon vorgekommen sein, dass die Bergrettung ausrücken musste. Weil ein Spieler zu viel Anlauf für einen Eckball nehmen wollte und dabei abgestürzt ist.

3. Die Feuerwehrhalle, die unbedingt neu sein muss. Denn die alte Halle steht ja schon seit 25 Jahren. Mittlerweile haben die neuen Fahrzeuge dort nicht mehr Platz. Aber Gott sei Dank haben wir unsere freiwilligen Feuerwehren. Andernorts gibt es nur mehr Berufsfeuerwehren. Die sind vielleicht besser ausgerüstet, doch findet man sie nur alle 30 Kilometer. Da sind unsere natürlich schneller vor Ort, wenn etwas passiert.

Diese drei Merkmale sind grundlegend dafür, dass es sich um ein Südtiroler Dorf handelt. Es soll Ortschaften geben, die nur aus diesen drei Gebäuden bestehen. Ansonsten steht noch ein Musikpavillon dabei. Ist nicht in jedem, aber in fast jedem Dorf zu finden. Sehr wichtig ist natürlich ein Dorfgasthaus, wo der Wirt selbstverständlich persönlich hinterm „Pudl“ (so nennt man in Südtirol den Tresen)

steht. Wahrscheinlich entstanden die ersten Bauernhöfe in einer neuen Siedlung erst, sobald ein Dorf diese Infrastrukturen besaß. Auf alle Fälle sind sie von größter Wichtigkeit.

Die Bauernhöfe füllten das Dorf erst richtig mit Leben, sie prägen in jeder Hinsicht unser Landschaftsbild. Nicht nur die Höfe, auch die Schuppen, die in den Feldern stehen, um Heu und Arbeitsmaterial zu lagern. Die Apfelwiesen und die Weinberge. Oder die Harpfen, welche so etwas wie markante hölzerne Wäscheständer fürs Heu sind. Natürlich gehören zu unserem Flair auch die Traktoren, über die man sich manchmal ärgert, weil sie den gesamten Verkehr blockieren. An gewissen Sommertagen, verbreiten sie auf den Feldern den ungemein typischen Heimatduft, auch „Eau de Gülle“ genannt.

In größeren Ortschaften findet man ein Widum, das Wohnhaus des Pfarrers. In den wichtigen Ortschaften stößt man dann auch auf ein Rathaus, welches in Südtirol schlicht „Gemeinde“ genannt wird. Das Widum verkommt in vielen Dörfern aufgrund des chronischen Mangels an Pfarrern leider immer öfter zum Geisterhaus. Die glücklichen Dörfer können auch noch ein kleines Lebensmittelgeschäft und eine Schule ihr Eigen nennen.

Da nicht alle aus der Bevölkerung Bauern sein können, entstanden im Laufe der Jahre auch Wohnhäuser. Weil die Schönheit unseres Landes irgendwann auch andere Menschen anzog, im Volksmund „Fremme“ genannt (gleichbedeutend mit Touristen), wurden aus den Gasthöfen Hotels. Die Hotels glichen anfangs eher Herrenhäusern und Palästen, später wurden sie optisch den Bauernhöfen nachempfunden. Scheinbar ist das einigen ein Dorn im Auge, denn sie beschimpfen diese Bauweise als „Lederhosenarchitektur“. Über Geschmack lässt sich aber bekanntlich nicht streiten. Dafür gehören neuerdings moderne Gebäude zum Dorfbild. Nichts gegen „zeitgemäße“ Architektur, sie hat ja durchaus ihre Berechtigung. Doch auch diese gefällt nicht jedem.

Jetzt wenden wir uns der Bevölkerung zu, die das Südtiroler Dorfbild pflegt und mitprägt. Der „Homo sudtirolensis", auch als „tamischer" Südtiroler Sturschädel bekannt, ist sehr einfach zu erkennen an seiner blauen Schürze. Dazu gehört unweigerlich ein Filzhut. Die Schürze, auch „Firtig" oder „Schurz" genannt, legt der Südtiroler niemals ab. Ausnahme ist der Sonntag, denn da wird die Messe besucht (aus irgendeinem Grund müssen ja die vielen Kirchen gebaut worden sein) und da kann man nicht gut mit Schürze hingehen, wie sieht denn das aus.

Nach „dem Kirchen" (so wird die Messe genannt) kommt ein weiterer, nicht minder wichtiger Teil des Sonntags. Der Besuch des Gasthauses, wo der Südtiroler sich an politischen Diskussionen und an Gesprächen über Fußball beteiligt. Manchmal wird auch Karten gespielt, vor allem „Watten". Interessant ist, dass man am Sonntagmorgen kaum Frauen im Gasthaus antrifft, denn sie müssen ja zuhause kochen.

Der typische Südtiroler, natürlich auch die typische Südtirolerin, sind Vereinsmenschen. Frauen sind vor allem beim Kirchenchor und bei der Musikkapelle, Männer ebenfalls bei der Musikkapelle oder bei der Feuerwehr. Oder sie sind Jäger, Fußballer oder beim Alpenverein. Ich selber wäre für die Musik zu dumm, für die Feuerwehr zu langsam, als Jäger zu ungeduldig, als Fußballer zu ungeschickt und für den Alpenverein zu faul. Ich könnte mich höchstens den Schützen anschließen. Nein, jetzt tragen sie wieder Schusswaffen, das wäre zu gefährlich.

Die Schützen haben es sich zur Aufgabe gemacht, unser (deutsches und eventuell auch ladinisches) Brauchtum und die Kultur zu „schützen". Früher, etwa zu den Zeiten Andreas Hofers, mussten sie Tirol vor dem Einfluss der Franzosen beschützen. Damals war Tirol noch „lei oans". Jetzt versuchen sie unter anderem, uns vor sprachlichen und kulturellen Einflüssen zu bewahren.

Trotzdem hat es Spuren bei uns hinterlassen, dass wir nun fast 100 Jahre schon zu Italien gehören. Einen Installateur nennt man bei uns „Hydrauliker" (ital. iddraulico), die Notaufnahme heißt wie im Italienischen „Erste Hilfe", das Autokennzeichen wird von allen „Targa" genannt und der Führerschein „Patent"... Früher weigerten sich Deutsch-Südtiroler, italienisch zu lernen und Italienisch-Südtiroler wollten partout nicht deutsch sprechen. Das hat sich zum Glück gebessert und bis auf ein paar wenige Sturschädel hat die Bevölkerung erkannt, dass es nur von Vorteil sein kann, zwei Sprachen zu sprechen. Trotzdem sollte man seine Muttersprache behalten und ihr treu bleiben. Bei den meisten von uns Südtirolern ist der Dialekt so tief verankert, dass es uns große Schwierigkeiten bereitet, Hochdeutsch zu sprechen.

Wenn wir gefragt werden, ob wir uns eher als Deutsche oder Italiener fühlen, antworten wir meistens „Südtiroler"! Also weder das eine, noch das andere. Heute könnte man auch mit „Europäer" antworten. Unser kleines Land wird von seinen Einwohnern zu gerne als das Zentrum der Welt angesehen. Wir nehmen uns selber ziemlich wichtig. Schlimmer noch, jedes Dorf schaut auf seinen eigenen Kirchturm. Dennoch werden am Herz-Jesu-Fest auf allen Gipfeln Feuer entzündet, um Einheit zu demonstrieren.

Was ist über mich und meine Landsleute noch zu sagen? Wir sind gastfreundliche, gesellige Leute und immer für einen Spaß zu haben. Unser Wein ist besser als unser Bier. Groß und stark sind wir geworden, weil wir als Kinder immer fleißig Knödel gegessen haben. Das Wetter können wir anhand einer Wolke, an einem bestimmten Feiertag, für die folgenden vier Monate voraussagen. Wir jammern übers Wetter, unsere Wehwehchen und darüber, dass wir kein Schweinefleisch vertragen. Trotzdem haben wir immer einen guten Original Südtiroler Markenspeck im Keller hängen. Zwar nicht immer vom Südtiroler Schwein, aber in Südtirol geräuchert. Um gut zu überwintern, stapeln wir Holz und gehen im Herbst zum Törggelen und auf den Stegener Markt. Wir sind stolz auf Andreas Hofer, Gustav Thöni und Reinhold Messner, aber wir schämen uns ein bisschen für die schmalzige Musik der Kastelruther Spatzen. Wir sind einfach ein unverbesserliches Volk.

Vielleicht ist diese Beschreibung Südtirols und seiner Einwohner nicht ganz für bare Münze zu nehmen. Doch ein Körnchen Wahrheit steckt wohl überall drin. Auch ein klein wenig Selbstkritik. Deshalb braucht keiner beleidigt zu sein. Ich bin stolz darauf, Südtiroler zu sein und zu bleiben.

schlutzkrapfen
mit bärlauchfüllung und ringelblumen

EINKAUFSLISTE

4 Personen

Bärlauchteig

400 g helles Weizenmehl
100 g Hartweizengrieß
150 g Bärlauch
2 Eier + Wasser (zusammen 230 g Flüssigkeit)

Bärlauchfüllung

100 g Bärlauch
150 g Ricotta, durch die Kartoffelpresse gedrückt
150 g gekochte, passierte Kartoffeln
Salz, Pfeffer, Muskatnuss

Fertigstellung

50 g Butter
50 g frische Ringelblumenblüten
50 ml Fleischsuppe

ZUBEREITUNG ***

Vom Bärlauch entfernen wir die Stiele. Dann wird er gewaschen, kurz gedämpft und in Eiswasser abgeschreckt. Ausdrücken, mit den Eiern abwiegen (230 g Flüssigkeit, evtl. mit Wasser verlängern) und alles zusammen fein mixen. Mit dem Mehl zu einem Teig kneten.

Den Bärlauch waschen wir und hacken ihn fein auf. Wir vermischen ihn mit den restlichen Zutaten in einer Schüssel. Gut mit Salz, Pfeffer und Muskatnuss würzen, dann wie auf Seite 14, 16 und 17 beschrieben, zu Schlutzkrapfen aufarbeiten.

Butter und Ringelblumen stampfen wir im Mörser zu einer Paste. In einer Pfanne, die Fleischsuppe kurz aufkochen und mit einem Schneebesen die Ringelblumenpaste einrühren (nicht kochen!). Die gekochten Schlutzer werden kurz darin geschwenkt.

Bärlauch ist sehr beliebt, nur leider wird allzu oft vergessen, dass er eigentlich eher ein Gewürz, als ein Gemüse ist. Deshalb sollte er etwas vorsichtig dosiert werden. Auf alle Fälle heißt es nach dem Genuss dieses Krautes, Küssen verboten.

brennnessel-cavatelli
mit datteltomaten und oliven

EINKAUFSLISTE

4 Personen

Cavatelli

300 g helles Weizenmehl
200 g Hartweizengrieß
150 g Brennnesseln
2 Eier (zusammen 250 g Flüssigkeit)

Fertigstellung

Olivenöl
200 g Kirschtomaten
100 ml Gemüsebrühe
50 ml Olivenöl
Salz
50 g „Olive taggiasche", entsteint und halbiert
50 g Brennnesselpesto (Seite 180)

ZUBEREITUNG **

Die Brennnesseln waschen, kurz dämpfen und in Eiswasser abschrecken. Das Wasser ausdrücken, mit den Eiern abwiegen (250 g Flüssigkeit, evtl. Wasser dazugeben) und alles zusammen fein mixen. Mit dem Mehl zu einem Teig kneten. Wir rollen den Teig mit den Händen zu 1,5 cm dicken Strängen und drehen ihn durch die Cavatelli-Maschine. Wer diese nicht hat, schneidet die Stränge in 1 cm große Stücke. Dann drückt man sie mit dem Daumen auf ein gerilltes Brett (oder ein Gitter) und rollt sie herunter.

Die Tomaten im Olivenöl erwärmen und salzen. Dann die Oliven, die Gemüsebrühe und das Olivenöl beifügen und cremig einkochen lassen. Die Cavatelli bissfest kochen, anschließend mit dem Brennnesselpesto und der Sauce durchschwenken.

Dieses Gericht besticht vor allem durch die Einfachheit der Zutaten. Weiter verfeinern kann man es noch mit einer Handvoll Blätter des Traubenkropf-Leimkrauts, welches vor meiner Haustür massenhaft zu finden ist. Leider war zum Zeitpunkt des Fotoshootings seine Zeit noch nicht gekommen.

elicoidali

mit puntarelle und kaminwurze

EINKAUFSLISTE

4 Personen

Elicoidali

300g helles Dinkelmehl
300g Hartweizengrieß
210–220ml Wasser

Sauce

600g Puntarelle (Zichorie)
200g Kaminwurzen
Olivenöl
100ml Weißwein
80g Butter
80g Gorgonzola
300ml Fleischsuppe
Salz, Pfeffer

ZUBEREITUNG *

Alle Zutaten in der Maschine zu einem krümeligen Teig verarbeiten und durch die entsprechende Matritze pressen.

Wir schneiden die Kaminwurzen in Scheiben, braten sie in einer Pfanne ohne zusätzliches Fett kurz an und legen sie auf ein Küchenpapier. Die Puntarelle waschen wir, schneiden die löwenzahnähnlichen Blätter ab und bewahren diese auf. Die spargelförmigen Spitzen trennen, vierteln, dann bei geringer Hitze mit Olivenöl anbraten. Wir löschen mit Weißwein ab, gießen mit Fleischsuppe, Butter und Gorgonzola auf und lassen die Sauce etwas einkochen. Einen Teil der Blätter klein schneiden, mit den Kaminwurzen und den gekochten Nudeln in der Sauce cremig schwenken. Würzen, anrichten und die restlichen Blätter darüber streuen.

Die Puntarelle oder „Spargel-Chicoree" bewegen sich irgendwo zwischen Salat und Gemüse. Sie können auch als beides verwendet werden. Zu den Kaminwurzen, diese sind, wie der Name schon sagt, geräucherte Würste aus Schweine- und Rindfleisch. Man verzehrt sie normalerweise zur Marende (Südtirolerisch für Jause oder Brotzeit).

23. auf und ... nieder, immer wieder

Permanent ändern sich unsere Lage, unser Charakter und unsere Gewohnheiten. Das einzige, was in unserer Welt Bestand hat, ist der stetige Wandel. Ständig geht es mit uns auf und ab. Mal sind wir guter Laune, mal schlechter. Dann haben wir Lust auf Kochen, später wieder nicht. Die italienischen Regierungen ändern sich sowieso im Wochentakt, das ist das einzige, worauf man sich bei denen verlassen kann. Unsere Laune wechselt oft je nach Wetterlage. Ständig ändern sich die Jahreszeiten und jede davon hat ihre Besonderheiten, auf die man sich freut.

Der Frühling, endlich schmilzt der Schnee weg, die Wintersaison ist vorbei und man gräbt den Kren (Meerrettich) fürs Osterfest aus dem Boden. Es ist die Zeit des Erwachens, der Apfel- und Weinblüte, Spargel und Bärlauch kommen zum Vorschein. Endlich findet man wieder Erdbeeren, die auch nach etwas schmecken.

Die Tiere dürfen langsam aus dem Stall auf die Wiesen, die Bauern haben alle Hände voll zu tun damit, die Äcker zu pflügen und zu bestellen. Die ganze Landschaft wacht langsam auf, Vögel zwitschern wieder am frühen Morgen. Im Spätfrühling ist dann Haupterntezeit für alle Wildkräuter, darauf freue ich mich immer besonders. Da finde ich Geschmäcker vor meiner Haustür, auf die ich das ganze Jahr warte. Kein Zitronengras, Ingwer oder Kurkuma (mit denen ich auch gerne arbeite, aber die halt nicht typisch für meine Heimat sind). Da findet man Gundelrebe, Brennnessel, Leimkraut und Sauerklee. Alles Gras, möchte man auf den ersten Blick meinen.

Hat man jedoch erst mal die Scheu vor diesen Gräsern verloren, eröffnen sich ganz neue Welten. Ich habe mich zu einer kleinen Kräuterhexe entwickelt und finde Riesenspaß daran, vor meiner Haustür neue Geschmackswelten zu entdecken. Eigentlich ist es doch paradox, wir wissen alle, wie Ingwer schmeckt. Doch kaum einer weiß, dass Leimkraut den Geschmack junger Erbsen hat. Oder, dass man auch den gewöhnlichen Löwenzahn essen kann. Übrigens, das gehört für mich auch zum Frühling, die gelben Löwenzahnwiesen. Sie sind zwar ein Zeichen dafür, dass der Boden von Nährstoffen übersättigt ist, trotzdem ist es ein wunderschöner Anblick.

Im Sommer dann freue ich mich darauf, meinen Salat aus dem Garten holen zu können und auf den Äckern meiner Bauern Gemüse zu ernten. Es ist grün und heiß, aber in den Bergen, wo ich mich befinde, ist es nie zu heiß. Endlich kann man sich, auch bei mir daheim, für ein paar Tage mit kurzen Hosen vors Haus trauen. Die Schwarzredner behaupten immer, wir hätten neun Monate im Jahr Winter, die anderen drei ist es dafür kalt. Ganz so schlimm ist es auch wieder nicht, aber wir bewegen uns in diese Richtung. Andere böse Zungen behaupten, bei uns sei man nur einen Monat im Jahr vor Schnee sicher, gemeint ist der Dezember.

Zum Glück schwärmen im Sommer die Gäste in Massen zu uns ins Tal. Man findet sie in der Tat überall. Dafür findet man bald keine Pilze mehr, die guten sind eingesammelt, die schlechten werden ausgerissen. Von den Beeren ganz zu schweigen. An jedem Wochenende gibt es ein Dorf- oder Zeltfest, wenn nicht im eigenen Dorf, dann im Nachbarort. Generalbesäufnis ist angesagt und es darf geflirtet werden. Die Jagdsaison ist eröffnet, bei Jägern und anderen Zweibeinern. Das Vieh wird auf die Almen verfrachtet und die Bergfeuer werden entzündet, um das Herz-Jesu-Fest hochleben zu lassen. Die Badeseen und -teiche sind überfüllt. Leider habe ich dafür keine Zeit. Ich falle dafür durch meine noble Blässe auf. Ein braungebrannter Koch würde doch Verdachtsmomente hervorbringen. Hat der in der Hochsaison Zeit, sich in die Sonne zu legen?

Der Herbst kommt dann schneller als gedacht. Die Lärchen, die gerade erst ihre hellgrünen Nadeln gekriegt haben, stechen schon orangegelb aus den Wäldern hervor. Im Land (so nennen wir Pustertaler alles in Südtirol, was nicht Pustertal ist) beginnt die Apfelernte, die Weinlese und die Törggelezeit. Überall werden Oktoberfeste gefeiert, alles natürlich nur billiger Abklatsch vom Original. Die Kartoffeln für den Winter werden eingekellert, das Sauerkraut kommt in die Tontöpfe. Das Vieh wird von den Almen abgetrieben. Es wird geschlachtet und geräuchert, damit ich im Winter dann zu meinem guten Speck komme. Zuhause verkriechen wir uns am liebsten hinterm Bauernofen, um dem nasskalten Wetter zu entgehen. Von Mitte Oktober bis Allerheiligen, kommt ein Meter Neuschnee, den es in der Regel schnell wieder weg regnet.

Dann bangen die Touristiker im Tal, dass es endlich kalt wird. Die Schneekanonen müssen schließlich laufen, dazu braucht es ein paar Minusgrade. In letzter Sekunde schafft man es dann doch, alle Lifte zum Nikolausfest aufzusperren. Die Krampusse, mit ihren wilden Fratzen, treiben ihr Unwesen. Eigentlich haben sie mit dem Nikolaus nichts zu tun und trotzdem erscheinen sie immer mit ihm zusammen. Ein heidnischer Brauch, der sich auch in einem katholischen Land hat halten können. Trotzdem werden die Krampusse fürs Weihnachtsmarketing missbraucht. Sie stehen, in Schokoladenform, neben den Nikoläusen und Weihnachtsmännern, bereits ab Ende Oktober in den Regalen.

Irgendwann kommt dann wirklich der Winter und mit ihm wieder die Touristen. Der erste Schwall kommt zu Weihnachten und Silvester, der nächste zur Faschingszeit. Aus den Kaminen raucht der Feinstaub und die Holzstöcke werden niedriger. Überall Weihnachtsmärkte und Glühweinständchen. Bis Mitte Jänner haben dann auch wir die alten Weihnachtskekse aufgegessen. Im Land (alles außer Pustertal) ist es ruhiger, jetzt geht die Post in den Seitentälern ab. Ganze Prozessionen von Tourengehern besteigen die Berge. Von Skifahrern ganz zu schweigen. Es gibt nichts Romantischeres als eine frisch zugeschneite, unberührte Landschaft. Einige regen sich auf, dass es zu viel schneit. Es sind die gleichen Leute, die sich im Vorjahr beschwerten, das sei doch kein Winter, mit so wenig Schnee.

Es ist die Zeit deftiger und bodenständiger Gerichte. Wir brauchen doch alle einen Winterspeck, damit wir die Kälte aushalten. Wer vorgesorgt hat, kann die Vielfalt des Eingelegten, des Getrockneten und Geräucherten genießen. Die anderen müssen auf noch mehr Produkte vom anderen Ende der Welt zurückgreifen. Aber sogar im Winter gibt es Produkte, die Saison haben. Vielleicht nicht gerade im Pustertal.

Vergesst die Unsitte, dass ihr im Februar frischen Spargel haben müsst, oder im Dezember Erdbeeren. Zu meinem Verständnis von gutem Kochen gehört der Wechsel der Jahreszeiten einfach dazu. Alles zu seiner Zeit, dann ist es wesentlich bekömmlicher und schmeckt aromatischer.

maltagliati
mit grünem spargel und bauchspeck

EINKAUFSLISTE
4 Personen

Maltagliati
300g helles Weizenmehl
200g Hartweizengrieß
3 Eier + Wasser (zusammen 220g Flüssigkeit)

Spargelsauce
600g grüner Spargel
1 Schalotte, in Würfel geschnitten
100ml Weißwein
Olivenöl
1 gekochte, geschälte Kartoffel
200ml Gemüsebrühe
150g Bauchspeck

Fertigstellung
50ml Olivenöl
4 Scheiben Bauchspeck

ZUBEREITUNG **

Wir kneten alle Zutaten zu einem Teig. Diesen rollen wir aus und schneiden ihn mit einem Teigroller in unregelmäßige Fleckerln.

Den Spargel waschen wir, schälen die untere Hälfte und brechen evtl. das holzige Ende ab. Dann schneiden wir ihn in 1 cm dicke Stücke, nur die Spitzen lassen wir etwas länger und legen sie kurz beiseite. Etwa zwei Drittel der Spargelstücke dünsten wir mit den Schalotten kurz in Olivenöl an und löschen sie mit Weißwein ab. Wir geben Brühe und die geschälte Kartoffel dazu, lassen alles kurz aufkochen und mixen es fein auf. Nun die restlichen Spargelstücke und den Bauchspeck getrennt anbraten, dann zur Sauce dazu geben.

Die Sauce mit 50ml Olivenöl kurz aufkochen und die Maltagliati darin cremig schwenken. Mit einer Scheibe gebratenen Bauchspecks belegen.

Sie sind schnell gemacht, etwas unpraktisch beim Kochen und Anrichten, aber dafür beim Essen ein Hochgenuss. Auf Italienisch bedeutet Maltagliati, einfach „schlecht geschnitten“. Entstanden sind sie als ... richtig, Resteverwertung der Abschnitte anderer Pasta.

rigatoni al forno
mit rindfleisch und artischocken gefüllt

EINKAUFSLISTE

6 Personen

Rigatoni

600 g Hartweizengrieß
210–220 ml Wasser

Füllung

3 große Artischocken
400 g Bio-Rindfleisch (Schulter), grob zusammen geschnitten
150 g Wurzelgemüse (Karotten, Zwiebel, Lauch, Stangensellerie) in Würfel geschnitten
Samenöl zum Anbraten
75 ml Rotwein
250 ml Fleischsuppe
Thymian, Rosmarin, Salbei
Salz, Pfeffer

Fertigstellung

Parmesan, frisch gerieben
Béchamelsauce (Seite 18, 1/2 Menge des Rezepts)

ZUBEREITUNG ****

Alle Zutaten in der Maschine zu einem krümeligen Teig verarbeiten und durch die entsprechende Matritze pressen. Die Rigatoni etwas bissfester als gewohnt kochen, abgießen und etwas Öl darüber geben. Dann nebeneinander, in eine gebutterte Ofenform stellen.

Die Artischocken wie auf Seite 26 vorbereiten. In einem Topf das Öl erhitzen, Gemüse und Fleisch darin anbraten, bis am Topfboden ein schöner Satz entsteht. Wir löschen mit Rotwein, gießen mit der Fleischsuppe auf und fügen die Gewürze hinzu. Dann lassen wir alles zugedeckt, bei reduzierter Hitze für ca. 45 Minuten schmoren. Sobald es weich ist, kommen Fleisch, Gemüse und die Artischocken durch den Fleischwolf. Die Flüssigkeit lassen wir noch etwas einkochen. Wir entfernen die Kräuter, mischen alles zusammen und schmecken es ab.

Die Füllung mit einem Spritzbeutel in die Rigatoni einfüllen und mit der Béchamelsauce übergießen. Wir bestreuen sie mit Parmesan und geben sie für etwa 15 Minuten ins 170°C heiße Backrohr.

Bei Pasta aus dem Backrohr bin ich ziemlich wählerisch. Überbackene Maccheroni mag ich überhaupt nicht, dafür liebe ich Lasagne. Cannelloni mit Fleischfüllung sind mir unsympathisch, Rigatoni mit derselben Füllung wieder nicht. Keinen Schimmer, warum. Vielleicht sollte ich mich deshalb mal in psychologische Behandlung begeben?

weißbier-ravioli mit spanferkel,
sauerkraut und kümmelbutter

EINKAUFSLISTE

6–8 Personen

Füllung

1 Spanferkelschulter (ca. 700g)
200g Wurzelgemüse (Karotten, Zwiebel, Lauch, Stangensellerie) in mittlere Würfel geschnitten
ein paar Schluck Weißbier (... und auch für die Köchin)
200ml Fleischsuppe
Salz, Pfeffer, Kümmel, Paprikapulver

Teig

100g Weizenvollkornmehl
300g helles Weizenmehl
100g Hartweizengrieß
2 Eier, Weißbier (Weißbier und Eier sollten zusammen 230g wiegen)
Mehl zum Ausrollen

Fertigstellung

600g Sauerkraut
1 Zwiebel
1 Knoblauchzehe
30g Butter
20g Mehl
3–4 Wacholderbeeren
Salz, Pfeffer, Kümmel
50g Butter

ZUBEREITUNG *****

Wir schneiden die Haut der Schulter kreuzweise mit einem scharfen Messer ein. Mit den Gewürzen einreiben. Dann kommt sie mit dem Gemüse in einen ofenfesten Topf, bei 170°C für etwa 45–60 Minuten ins Backrohr. Etwa alle 10 Minuten übergießen wir die Schulter mit einem kleinen Schluck Weißbier. Sobald sie schön weich gebraten ist (ideal ist eine Kerntemperatur zwischen 70 und 75°C), nehmen wir sie aus dem Topf und zupfen das Fleisch vom Knochen. Dann lassen wir Fleisch und Gemüse durch den Fleischwolf oder hacken alles fein auf. Den Satz am Topfboden gießen wir mit etwas Fleischsuppe auf. Alles kurz einkochen lassen und zur Füllung geben.

Alle Zutaten geben wir in eine Schüssel und vermischen sie erst dort. Dann auf der Arbeitsfläche zu einem glatten Teig kneten. Wir wickeln ihn in eine Klarsichtfolie ein und lassen ihn kurz ruhen. Dann mit der Füllung zu Ravioli verarbeiten.

Das Sauerkraut etwas ausdrücken und mit dem Wacholder und ein wenig Wasser aufkochen. Zwiebel, Knoblauch und Butter in einem getrennten Töpfchen kurz andünsten. Das Mehl einrühren und dann alles zum Sauerkraut geben. Die Ravioli kochen wir für 2–3 Minuten in Salzwasser. In der Zwischenzeit die Butter, mit dem Kümmel in einem Töpfchen nussbraun werden lassen. Das Sauerkraut verteilen wir auf die Teller, geben die Ravioli drauf und einen Esslöffel Kümmelbutter darüber.

Hier erkennt man, dass wir Südtiroler eng mit den Bayern verwandt sind. Zur Zeit der Völkerwanderung hielten die Bajuwaren bei uns Einzug, die Vorliebe für bayrisches blieb bis heute erhalten.

24. sterneregen oder essen ist mein leibgericht

Von klein auf schon war ich ein Genießer. Ich aß stets mit Genuss, obendrein aß ich immer und viel. Vor allem meine Omas, wie wohl bei allen üblich, sorgten sich immer darum, dass ich ja genug zu essen kriegte. Wenn mir etwas zum Essen angeboten wurde, hatte ich nie das Problem, dass ich mich nicht traute, es anzunehmen. Habe ich heute immer noch nicht. Oft beobachte ich, dass Eltern sich Sorgen darüber machen, ob ihre Kinder etwas mögen oder nicht. „Bitte für unsere Kinder anstelle der Kürbisravioli eine Pasta mit Tomatensauce!" Bei mir und meinen Verwandten (alles ziemlich hungrige Zeitgenossen) wäre so etwas unvorstellbar gewesen. Etwas nicht essen? Es sei denn, wir hätten die Pasta zusätzlich zum restlichen Menü essen sollen, da wären wir sofort dabei gewesen.

Meine Mutter natürlich konnte sich dafür in Grund und Boden schämen. Während sie sich schämte, aß ich munter weiter. Waren wir irgendwo zu Besuch, wehrte sie sich immer dagegen, dass etwas aufgetischt wurde. Ich natürlich freute mich darüber, jegliches Essen war schon damals meine Lieblingsspeise. Ich konnte ohne Unterlass essen, bis ich platzte. Meistens platzte ich gleich. Nein, natürlich zerriss es mich nicht, doch die Gastgeber freuten sich immer, wenn jemand mit Appetit zuschlagen konnte. So empfand ich es jedenfalls.

Ein einziges Mal wurde ich zurückgepfiffen. Meine Tante hatte Kuchen gebacken und ihn in die Mitte des Tisches gestellt. Sofort hatte mein geschultes Auge erkannt, dass das größte Stück auf der mir abgewandten Seite zu finden war. Als ich mich danach strecken wollte, gab es von meinem Onkel verdienterweise eins auf die Finger. Verständlich, das Stück befand sich auf seiner Seite. Wir können uns heute noch darüber amüsieren.

Dann kam die Zeit, wo ich immer meinen Mitschülern ein Stück vom Pausenbrot abbettelte. Nach einiger Zeit verweigerten mir das alle, weil ich mit einem Bissen das halbe Brot verschwinden ließ. Damals war ich auch imstande, zwei Pizzen zu vertilgen. Oder zehn Knödel in

der Größe eines Tennisballes. Aus diesem Grund bin ich so groß und stark geworden.

Ein wenig haben sich meine Essgewohnheiten verändert. Ich esse nicht mehr so viel, dafür achte ich mehr auf Qualität. Doch hin und wieder brauche auch ich etwas Ungesundes. Gummibärchen oder einen Burger zum Beispiel. Dann bereue ich es wieder für einige Wochen. Am liebsten gehe ich mit meiner Frau fein essen. Vorzugsweise in Sternerestaurants, dafür fahren wir manchmal auch längere Strecken. Egal, es zahlt sich aus.

Über Sternerestaurants gibt es viele Klischees. Dass das Essen teuer ist und dass man hinterher eine Wurstbude oder eine Pizzeria aufsuchen muss, weil man nicht satt wird. In der Küche stehen mindestens 20 Köche und ebenso viele Kellner schwirren um die Gäste herum. Die Auswahl auf der Speisekarte muss unbedingt Trüffel, Kaviar, Gänsestopfleber und Froschhaxen umfassen.

Der „cholerische" Küchenchef gibt sich der Presse gegenüber fast schon staatsmännisch, macht aber in der Küche alle seine Mitarbeiter zur Schnecke. Das, obwohl er selber fast nie am Herd steht, nur am Pass (Essensausgabe). Dort verkostet er, was seine Untertanen zubereitet haben und wirft es ihnen um die Ohren, wenn sie es, seiner Ansicht nach, gründlich versaut haben. Ob verhaut oder nicht, hängt gerne auch mit seiner Laune zusammen.

Unter den Köchen wird intrigiert, was das Zeug hält. Jeder spitzt auf den Posten des anderen. Wenn jemand einen „Fehler" macht, wird ihm das monatelang vorgehalten. Wurde das Restaurant vom Tester schlecht bewertet, wird immer ein Schuldiger ausfindig gemacht, der dann seinen Koffer packen kann. Außerdem herrscht in der Küche deutsche Ordnung. Töpfe und Teller haben in Reih und Glied zu stehen. Der Boden muss so sauber sein, dass man davon essen kann. Wie gesagt, Klischees. Einiges trifft zu, doch man kann nicht verallgemeinern. Ich finde zum Beispiel nicht, dass Sterneküche teuer ist.

Lieber esse ich ein gutes Hauptgericht um € 35-40, als ein schlechtes Schnitzel um € 9,90. Wenn ich mich nicht wohl fühle und es mir nicht schmeckt, ist auch das billige Schnitzel zu teuer. Man findet durchaus gutes Essen, welches auch nicht viel kostet. Doch alles hat seinen Preis, irgendwer zahlt bei niedrigen Preisen drauf.

Qualität soll auch ihren Preis haben, denn wenn aus guten Produkten Ramschware gemacht wird, so kann das nicht in Ordnung sein. Gänsestopfleber, Kaviar und Froschschenkel können mir, nicht zuletzt aus ethischen Gründen, gestohlen bleiben. Dafür liebe ich Trüffel über alles. Dort könnte ich mich reinlegen. Die „haute cuisine" von heute setzt jedoch glücklicherweise immer mehr auf Regionalität.

Bis es bei mir soweit ist, genieße ich die Sterneküche anderer und lasse mich verwöhnen. Es sind einfach die Kleinigkeiten, die den Unterschied ausmachen. Vor allem bewundere ich all jene, die es schaffen, aus vermeintlich banalen Grundprodukten, etwas Besonderes zu zaubern. Aus alten Gemüsesorten etwa, die kein Mensch mehr kennt und die früher einfach dazu gehörten. So wie es aussieht, möchte die EU den Anbau solcher Sorten einschränken und nur mehr genormte Knollen zulassen. Zum Teil ist es ja schon so.

Ein Hoch auf alle, die sich dem mit aller Kraft widersetzen. Nur, weil einige wenige vor der Konkurrenz der Kleinbauern Angst haben, missbrauchen sie das Bürokratiemonster. Um alles verbieten zu lassen, was ihnen nicht in den Kram passt. Dem sollten auch wir in der Küche entgegen wirken. Belassen wir das Gemüse so weit wie möglich in seiner ursprünglichen Form. So erkennt man, dass es natürlich gewachsen ist. Säubern und schneiden ja, zur Unkenntlichkeit verarbeiten, nein danke.

Ich habe großen Respekt, wenn jemand es schafft, die Brücke zwischen Tradition und moderner Küche zu schlagen. Dazu gehört es einfach, Regionales und Typisches in einem zeitgemäßen Rahmen zu präsentieren. Wenn das alle machen, so wird die Vielfalt automatisch größer. „Alle“ ist vielleicht übertrieben, aber zumindest mehrere sollten diese Linie verfolgen. Wir haben in der Südtiroler Küche genau aus diesem Grund ein hohes Niveau. Je enger wir mit unseren Bauern und Produzenten zusammen arbeiten, desto weiter können wir dieses Niveau auch in der Zukunft steigern, dessen bin ich mir sicher.

Von klein auf schon war ich ein Genießer.

bandnudeln mit malvenblüten
und frischem trüffel

EINKAUFSLISTE

4 Personen

Tagliatelle

300g helles Weizenmehl
200g Hartweizengrieß
4 Eier + Wasser (zusammen 230g Flüssigkeit)

Fertigstellung

1/2 TL Trüffelabschnitte, fein gehackt
1 Handvoll frische oder 1 EL getrocknete Malvenblüten
200g Butter
200ml Fleischsuppe
Salz, Pfeffer
frischen weißen Trüffel

ZUBEREITUNG *

Wir kneten alle Zutaten zu einem glatten Teig. Diesen wickeln wir in Klarsichtfolie ein und lassen ihn für 20 Minuten ruhen. Ausrollen und in 5 mm breite Bandnudeln schneiden.

Die Tagliatelle im Salzwasser bissfest kochen. Die Fleischsuppe lassen wir in einer Pfanne aufkochen. Wir lösen die kalte Butter mit einem Schneebesen unter ständigem Rühren darin auf, bis die Sauce leicht bindet. Mit Salz und Pfeffer würzen. Wir geben die Pasta und die Trüffelabschnitte in die Sauce, schwenken einmal kurz durch und richten alles auf den Tellern an. Die Malve streuen wir darüber und hobeln den frischen Trüffel drauf.

Trüffel ist eines meiner Lieblingsprodukte. Da könnte ich mich reinlegen und darin übernachten. Hier die klassischen Trüffelnudeln, mit ein paar Blüten nochmals aufgepeppt. Zu dieser Pasta gehört wieder einmal viel Butter dazu, von der man einen Teil auch durch Olivenöl ersetzen kann.

farfalle mit guanciale,
feigen und eingelegtem ziegenkäse

EINKAUFSLISTE

4 Personen

Farfalle

150 g helles Weizenmehl
150 g Weizenvollkornmehl
200 g Hartweizengrieß
3 Eier + Wasser (zusammen 230 g Flüssigkeit)

Fertigstellung

150 g Guanciale (Wangenspeck), in Streifen geschnitten
Olivenöl
50 ml Weißwein
150 ml Fleischsuppe
150 g Ziegenfrischkäse, in Olivenöl eingelegt
4 große, reife Feigen

ZUBEREITUNG *

Die Zutaten verarbeiten wir zu einem Teig, rollen ihn aus und schneiden ihn in 5 x 3 cm große Rechtecke. Diese zwicken wir zu „Fliegen“ (nicht Krawatten).

Den Guanciale in einer Pfanne kurz anbraten, mit Weißwein löschen und mit der Suppe aufgießen. Den abgetropften Ziegenkäse kurz darin schmelzen und mit den gekochten Farfalle durchschwenken. Die Feigen schneiden wir in dünne Scheiben und richten sie, mit je einem Käsekügelchen, neben der Pasta auf den Tellern an.

Ziegenkäse ist etwas Wunderbares. Ich habe das Glück, ihn direkt vom Bauern beziehen zu können. Diese eingelegten Kügelchen gibt es auch andernorts, sie schmecken einfach toll. Es mag fast an Verschwendung anmuten, sie unter die Nudeln zu schwenken. Dafür kommen Feinschmecker auf ihre Kosten.

curryteigtaschen
mit fenchel-ingwerfüllung

EINKAUFSLISTE

4 Personen

Curry-Nudelteig

400 g helles Weizenmehl
100 g Hartweizengrieß
2 TL Currypulver (Madras)
2 Eier + Wasser (zusammen 230 g Flüssigkeit)

Fenchel-Ingwerfüllung

400 g Fenchelknollen (3–4 Stück)
20 g Ingwer, fein gerieben
50 ml Olivenöl
einige Thymianzweige
100 ml Gemüsebrühe
Salz, Pfeffer
50 g Parmesan
50 g Semmelbrösel

Fertigstellung

1 Fenchelknolle
Olivenöl
Getrocknete Blüten (Malve, Ringelblume, Rosenblätter)

ZUBEREITUNG **

Wir wiegen die Eier mit dem Wasser ab und lösen das Currypulver darin auf. Dann mit dem Mehl zu einem Teig verarbeiten.

Den Fenchel halbieren wir, waschen ihn und geben Olivenöl, Thymian, Salz und Pfeffer auf die Schnittfläche. Wir schlagen ihn mit der Gemüsebrühe in Alufolie ein und garen ihn bei 180°C für ca. 20–25 Minuten im Backrohr. Aus der Folie nehmen, fein hacken bzw. pürieren, mit Parmesan und Brösel binden. Dann die Fülle mit dem Teig zu Tortelloni verarbeiten.

Die Fenchelknolle waschen und in dünne Scheiben oder Spalten schneiden. Diese braten wir auf beiden Seiten in Olivenöl und würzen sie mit Salz und Pfeffer. Wir richten sie mit den gekochten Tortelloni auf den Tellern an und streuen ein paar Blüten darüber.

Fenchel war für mich immer eher ein langweiliges Gemüse. Bis ich ihn erstmals selber bei einem meiner Biobauern ernten durfte. Der Duft des frischen Fenchels füllte das ganze Kühlhaus und machte Lust auf mehr. Trotzdem hält er auch ein paar markante Geschmacksverstärker wie Ingwer und Curry aus.

25. pasta (on the) rocks

Schaut euch einen x-beliebigen Film an. Jemand kocht ein romantisches Abendessen für zwei bei sich zuhause. Kerzenlicht, schön gedeckter Tisch, mit Blumen dekoriert. Dann bringt der Gastgeber oder die Gastgeberin das Essen herein. Was gibt es wohl? Es gibt etwas ganz Besonderes, Trommelwirbel bitte ... Spaghetti! Fällt das nur mir auf? Soweit meine Erfahrung reicht, gibt es Pasta daheim immer dann, wenn man nicht weiß, was man kochen sollte. Das würde mir normalerweise im Traum nicht einfallen. Nudeln zu kochen, wenn ich jemanden zu einem romantischen Abendessen einlade. Abgesehen davon, dass ich verheiratet bin und nur mit meiner Frau romantische Dinner genieße.

Trotzdem, Pasta kannst du immer essen. Pasta rockt einfach. Die Welt der Nudeln ist so vielfältig und abwechslungsreich, dass man einfach immer darauf Lust hat. Sie vermittelt südländisches Lebensgefühl, ist Sinnbild für Italien. Ein ehemaliger Chef von mir war sogar überzeugt, die Italiener hätten alle eine schöne glänzende Haut, weil sie täglich Pasta essen. Wenn ich Spaghetti oder Maccheroni esse, fühlt sich das so richtig italienisch an.

Doch woher kommt die Pasta eigentlich? Klarer Fall, sagen die einen, aus Italien. Blödsinn, sagen andere, sie kommt aus China und Marco Polo hat sie hergebracht. Gibt es Beweise dafür? Nein! Eier, Mehl und Wasser gab es schon vorher. Also, kann ich genau so gut behaupten, die Pasta wurde in den Bergen erfunden, in Südtirol, genauer gesagt. Ja, ich gebe zu, dass das etwas dick aufgetragen ist. Doch was spricht eigentlich dagegen? Genau, gar nichts.

Wie komme ich auf diese absurde Idee? Weil ich Armin, dem Fotografen dieses Buches zeigte, wie man verschiedene Ravioli herstellt. Ich machte Schlutzkrapfen und faltete sie um einen Kochlöffel herum zu Tortelloni. Er hielt kurz inne, doch als ihm bewusst wurde, was er gerade gesehen hatte, fiel ihm die Kinnlade herunter. „Du hast gerade mein Weltbild in seinen Grundfesten erschüttert!“ maulte er scherzhaft.

„Tortelloni, Italien pur, sind in Wirklichkeit Schlutzer?! DAS Südtiroler Gericht? Ich bin fertig ...“ Unsere Nationalisten, egal ob deutsche oder italienische, werden das wohl nicht gerne hören. Doch es zeigt, dass wir uns alle ähnlicher sind, als wir zu denken glauben. Klar, der Generation unserer Großeltern dürfen wir solche Argumente nicht vorlegen.

Die Generation meiner Omas und Opas, alle deutschsprachig, haben sicher schwierige Zeiten durchgemacht. Da sie unterm Faschismus aufwuchsen, der ihnen den Gebrauch der deutschen Muttersprache untersagte, lehnten sie im Gegenzug alles ab, was irgendwie italienisch zu sein schien. Die Zeiten sind zum Glück vorbei.

Bei meiner Oma ging das sogar soweit, dass sie Wörter wie „privat“ oder „Vulkan“ und sogar Namen wie „Verena“, als „prifat“, „Fulkan“ und „Ferena“ aussprach. Auch Pasta war für sie schlicht und einfach „walsch“ (etwas Fremdes und Unverständliches, in diesem Falle „italienisch“). Wahrscheinlich mochte meine Oma Pasta aus diesem Grunde nicht besonders. Meinem Opa war das dafür egal, er aß Pasta für sein Leben gern.

Ich behaupte trotzdem, dass Pasta zum friedlichen Zusammenleben beigetragen hat. Hier sprechen alle, zumindest in Südtirol, dieselbe Sprache, „al dentisch“. Apropos al dente, wer wusste, dass Pasta in den Bergen länger zum Kochen braucht, als am Meer? Der Fall liegt eigentlich ganz klar, in größerer Höhenlage ist der Luftdruck niedriger und das Wasser kocht schon bei geringerer Temperatur.

Also schon bei 90–95°C. Daher dauert es länger, bis die Nudeln gekocht sind. Effektiv bemerkt man den Unterschied erst ab einer Höhe von 1.000, 1.500 Metern, alles andere sind ja Flachlandtiroler. Deshalb nimmt man hier die Packungsangabe auf der Pasta nur als Mindestwert.

Den größten Spaß in der Küche hatte ich immer in zwei Bereichen, bei den Desserts und beim Pasta-Machen. Soweit ich mich erinnere, war es einer der ersten Aufgabenbereiche, den ich immer selber übernehmen wollte. Man stelle sich vor, dies sogar freiwillig. Es machte mir von Anfang an Freude. Ich fand es faszinierend, den Teig durch die Walzen der Nudelmaschine zu lassen, zu falten und wieder auszurollen.

Immer dünner und dünner, dann endlich in Streifen zu schneiden, oder mit Fülle zu belegen. Danach ihn in die entsprechende Form zu bringen. Selber gemachte Pasta ist einfach genial. Dann gibt es noch so ein breites Spektrum davon, einfach unglaublich. Gelb, rot, grün, schwarz, dick oder dünn, rund oder oval, dreieckig oder quadratisch ... Farben, Geschmäcker und Optik sind nahezu unbegrenzt. Meine Liebe zur Pasta wurde mit dem Schreiben dieses Buches noch viel größer. Ich habe wohl erst dadurch erkannt, welche Vielfalt hierin liegt.

Meines Erachtens gibt es keinen anderen Bereich in der Küche, wo man aus einfachsten Zutaten so viel machen kann. Aus fast den gleichen Ausgangsprodukten, können sowohl eine Spaghetti Bolognese, eine klassische Lasagne, oder Ravioli mit Fleischfüllung, Tomaten und Salbeibutter entstehen. Drei total unterschiedliche Gerichte. Ist das nicht toll?

Obwohl auf allen Tellern das Gleiche ist, ist unser Sohn verrückt nach Spaghetti, meine Frau liebt die Ravioli und ich bin der Lasagne-Fan. Welche Form habt ihr am liebsten? Auf alle Fälle ist für jeden etwas dabei.

Sollte euch jemand über den Weg laufen, der behauptet, er möge keine Pasta, so findet ihr hier hoffentlich ein paar Anregungen, um ihn vom Gegenteil zu überzeugen. Wir wollen doch sehen, ob er (oder sie) nicht schnellstens zum Pasta-Verehrer wird. Das schaffen wir sicher. Bei besonderen Härtefällen ruft mich einfach an. Dann legen wir uns einen gemeinsamen Schlachtplan zu. Wollen wir wetten, dass hinterher Pasta zu seiner Religion wird?

Verwöhnt eure Gäste. Natürlich dürft ihr Pasta auch bei einem Candle-Light-Dinner servieren. Ich bin überzeugt, ihr könnt damit begeistern. Lasst mich wissen, wie es euch gelungen ist und wie die Reaktion der Gäste war.

Eine Bitte habe ich aber noch an euch, wenn ihr jemanden einladen wollt, dann macht bitte einen „Probelauf". Kocht das Gericht wenigstens einmal vorher. Dann habt ihr weit weniger Stress, sobald eure Gäste eintrudeln, weil ihr wisst, welche Handgriffe auf euch warten.

basilikum-bucatini
mit venusmuscheln

EINKAUFSLISTE

4 Personen

Basilikum-Bucatini

600 g Hartweizengrieß
50 g Basilikumblätter
100 ml Wasser
100 g Eiswürfel

Sauce

600 g Venusmuscheln
50 ml Olivenöl
1 Knoblauchzehe, zerdrückt
100 ml Weißwein
1 Petersilienstängel
1 Basilikumstängel
1 Dillstängel
Salz

ZUBEREITUNG *

Das Wasser zum Kochen bringen und sofort den Basilikum hinein geben. Beginnen die Blätter, zusammen zu fallen (nach wenigen Sekunden), vom Herd ziehen. Die Eiswürfel dazugeben und rühren, bis diese geschmolzen sind. Nun fein aufmixen, mit dem Mehl in der Maschine zu einem krümeligen Teig verarbeiten und durch die Matritze pressen.

Die Muscheln in kaltem Wasser durchwaschen, dann die kaputten und geöffneten entfernen. In einer Pfanne, mit passendem Deckel das Olivenöl erhitzen und die Muscheln mit Knoblauch und Kräutern dazugeben. Dann kommt der Wein, Deckel drauf, bis sich die Muscheln öffnen. Jetzt können wir die gekochte Pasta darin schwenken, evtl. nachwürzen und servieren.

Auch hier handelt es sich um einen italienischen Klassiker, der normalerweise mit Spaghetti zubereitet wird. Genauso gut kann man auch Tagliolini verwenden. Die Sauce ist eine der simpelsten und der besten, die es gibt ... einfach lecker!

sedanini mit bresaola
salbei und mozzarella

EINKAUFSLISTE

4 Personen

Sedanini

600 g Hartweizengrieß
210–220 ml Wasser

Fertigstellung

200 g reife Strauchtomaten
Olivenöl zum Schwenken
6–8 Salbeiblätter
150 ml Fleischsuppe
50 ml Olivenöl
300 g Bresaola, in hauchdünne Scheiben geschnitten
300 g Mozzarella, gewürfelt
Salz, Pfeffer

ZUBEREITUNG *

Alle Zutaten in der Maschine zu einem krümeligen Teig verarbeiten und durch die entsprechende Matritze pressen.

Von den Tomaten, den Strunkansatz mit einem Messer entfernen, auf der anderen Seite kreuzweise einritzen. Wir geben sie für 30 Sekunden in kochendes Salzwasser und legen sie anschließend sofort in eine Schüssel mit Eiswasser. Dann schälen, die Kerne entfernen und in Würfel schneiden. Wir erhitzen etwas Olivenöl, schwenken die Tomaten und den zerzupften Salbei kurz darin. Dann Fleischsuppe und Olivenöl dazugeben und kurz einkochen lassen. Die Hälfte der Bresaola in Streifen schneiden, zusammen mit der Mozzarella und der gekochten Pasta schwenken und würzen. Mit der restlichen Bresaola auf den Tellern anrichten.

Bresaola, ein luftgetrocknetes Rindfleisch aus dem Veltlin, wird normalerweise nur roh genossen. Daher wird sie hier auch nicht angebraten, sondern nur unter die Pasta geschwenkt, damit sie nicht ihren Geschmack verliert.

lasagnette mit flusskrebsen,
tomaten und oliven

EINKAUFSLISTE

4 Personen

Bunte Nudelblätter (Lasagnette)

weißer Nudelteig Seite 234 (1/3 des Rezepts)
Rohnenteig Seite 232 (1/3 des Rezepts)
Spinatnudelteig Seite 158

Flusskrebse

500 g lebende Flusskrebse
100 g Wurzelgemüse (Karotte, Sellerie, Lauch, Zwiebel)
Lorbeer, Thymian Dill, Knoblauch

Fertigstellung

2 große Artischocken
30 ml Olivenöl
100 g Datteltomaten
20 g Taggiasca-Oliven
100 ml Gemüsebrühe
Salz, Pfeffer
Basilikumpesto (Seite 76)

ZUBEREITUNG ***

Die Teige getrennt voneinander ausrollen und runde Blätter mit ca. 6 cm Durchmesser ausstechen.

In einem großen Topf das Wurzelgemüse und die Kräuter mit Wasser aufkochen. Die Flusskrebse in den kochenden Sud geben und sofort zudecken. Wir lassen sie für 3 Minuten leicht kochen. Dann schrecken wir sie in Eiswasser ab und brechen sie aus dem Panzer.

Die Artischocken wie auf Seite 224 beschrieben vorbereiten. Wir erwärmen das Olivenöl leicht, lassen die halbierten Tomaten darin etwas garen, geben dann Artischocken, Brühe und Oliven dazu. Abschmecken und die gekochten Lasagnette darin schwenken. Servieren und mit etwas Pesto beträufeln.

Flusskrebse sehen zwar aus, wie ein zu heiß gebadeter Hummer, der eingegangen ist. Doch, im Gegensatz zum großen Bruder, leben sie im Süßwasser, unter anderem auch in meiner Nähe. Trotzdem sind sie immer schwer aufzutreiben.

SCHLUSSWORT

zu guter **letzt**

Gratuliere, ihr habt es bis zum Schluss geschafft. Habt ihr schon alle Rezepte probiert? Auch ich habe es bis hierher geschafft, alles durchgekocht und von Armin fotografieren lassen. Im Moment habe ich gerade ein bisschen Gänsehaut und feuchte Augen. Schreibe ich doch gerade die letzten Zeilen meines ersten Buches für euch. Keine Angst, ich werde nicht sentimental, nur ein klein bisschen emotional ...

Vielleicht konnte ich wenigstens Teile meiner Küchenphilosophie vermitteln. Zu mir wurde immer schon gesagt, dass ich wie ein Buch rede, jetzt habe ich eines geschrieben. Endlich konnte ich mal dem freien Lauf lassen, was ich so gerne loswerde. Einen Einblick in das Leben in Südtirol mit einer großartigen Küche. Es ist meine Sicht der Dinge, zum Glück sehen es nicht immer alle gleich. Vor allem über manche Küchenbegebenheiten könnte man glatt einen Film drehen.

Ich bitte euch erneut, nicht alles ganz ernst zu nehmen, was ich in diesem Buch so geschrieben habe. Ich spiele mit Vorurteilen, die aber allesamt auch auf mich selbst anwendbar sind. Nur deswegen habe ich mir das erlaubt. Beleidigt ist hoffentlich niemand. Manche Dinge muss man etwas überspitzt formulieren, damit sie ankommen.

Hätte ich zu Beginn geahnt, wieviel Arbeit in so einem Buch steckt, so hätte ich es trotzdem geschrieben. Ich habe es ja geahnt und habe es vorher deshalb so lange aufgeschoben. Doch wenn man darauf wartet, dass man Zeit fürs Schreiben hat, schreibt man wohl nie in seinem Leben. Also fing ich an, ohne darüber nachzudenken, wann wohl Zeit dafür wäre. Aber bis zum Schluss ging es schneller, als ich dachte. Vor allem deshalb, weil es viel Spaß gemacht hat. Zudem wollte ich schon immer ein Buch schreiben. Sicher, ich habe auch viel Zeit, Geld, graue Haare, Verhandlungen, Geduld und Nerven investiert, doch dafür habe ich etwas Bleibendes erschaffen können.

So wünsche ich mir, dass ihr viel Spaß und Freude an der Lektüre dieses Buches habt. Möge euch das Buch weiterhin beim Nachkochen der Rezepte begleiten. Wenn das Buch nach einiger Zeit voller Eselsohren, Notizen, Ölflecken, Tomatensauce und Spinat ist, zudem leicht nach Fisch riecht, dann freut mich das ganz besonders. Denn das heißt, dass mit dem Buch gearbeitet wurde und es euch weiter hilft. Vor allem hoffe ich, dass euch eure Familien und Gäste lieben, für das, was ihr ihnen auf den Tisch zaubert. Wenn ich dabei behilflich sein konnte, bin ich überglücklich.

Nochmals möchte ich mich bei euch Leserinnen und Lesern bedanken, dass ihr bis hierher durchgehalten habt. Dieses Buch ist allen gewidmet, die den Mut hatten, es zu lesen, also euch allen. Vielen, vielen Dank! Doch nun, ihr möget mir bitte verzeihen, habe ich etwas zu feiern.

Das Buch ist zu **Ende.**

besuchen sie **markus holzer** im jora mountain dining

Oberhalb von Innichen gelegen, im Herzen des Hochpustertals und unterhalb des Haunolds, können Sie Platz nehmen. Im urigen, warmen und familiären Ambiente der Jora Mountain Dining Hütte.

Im Sommer finden Sie sich auf einer Alm wieder, umgeben von beeindruckenden Bergen und dem Klang der Kuhglocken. All dies können Sie auf unserer Sonnenterrasse bewundern und genießen. Im Winter dagegen, sind Sie bei uns mitten auf den Pisten des Skigebietes Sextner Dolomiten.

Genießen Sie unsere Südtiroler Spezialitäten, mit Produkten von einheimischen Bauern. Alle Gerichte werden frisch, mit hochwertigen und natürlichen Lebensmitteln, von Markus Holzer und seinem Team zubereitet.

Im Service sind seine Frau Johanna und seine Eltern Rosmarie und Toni für Sie da.

Wir freuen uns auf Ihren Besuch!

Ihre Familie Holzer mit Team

mountain dining
for you

Wenn Sie das ganz Besondere lieben, außergewöhnliche Feste, die Sie und Ihre Gäste nie mehr vergessen werden, dann feiern Sie exklusiv auf Ihrer eigenen Jora Mountain Dining Hütte.

Alles steht Ihnen und Ihren Gästen zur Verfügung. Für Hochzeiten, Partys, Privat- und Firmenfeste. Das wunderschöne Ambiente oberhalb des Dorfes, der atemberaubende Ausblick ins Tal und in die Berge, lässt die Herzen von ganz alleine höher schlagen.

Die hervorragende, authentische Küche des Südtirolers Markus Holzer begeistert und fasziniert die Gäste immer wieder.

Selbstverständlich ist im Sommer wie im Winter der Transfer zur Hütte gegeben.

Bevor Sie Ihr nächstes Fest oder Jubiläum planen, rufen Sie gleich in der Jora Mountain Dining Hütte an und lassen Sie sich ein Angebot erstellen.
(0039) 340 15 24 024 oder info@jora.it

markus holzer kocht für sie
auf der **ganzen welt**

Bei den nächsten Feierlichkeiten, holen Sie Markus Holzer zu sich nach Hause. Er verzaubert Ihre Gäste durch die einmalige Südtiroler Küche und durch seinen besonderen Charme.

Markus Holzer kocht in ihrer eigenen Küche genauso, wie im Hotel oder im Restaurant, bei Ihnen vor Ort oder wo Sie gerne feiern möchten.

Die außergewöhnlichen Zutaten werden selbstverständlich mitgebracht und vor Ort frisch zubereitet.

Überraschen Sie Ihre Gäste, mit dem hervorragenden Südtiroler Koch Markus Holzer.

Rufen Sie gleich in der Jora Mountain Dining Hütte an und lassen Sie sich ein Angebot erstellen.
(0039) 340 15 24 024 oder info@jora.it

kochkurse

Alleine zu kochen, aus dem Buch heraus, ist schön. Die Krönung ist jedoch, mit Markus Holzer zusammen die eigenen Lieblingsgerichte zu kochen.

Markus Holzer führt, mehrmals im Jahr, seine außergewöhnlichen, lustigen und lehrreichen Kochkurse direkt in der Küche der Jora Mountain Dining Hütte durch.

Zur Zeit stehen die Themen Pasta, Wildkräuter und Gourmetküche zur Auswahl.

12 Teilnehmer haben jeweils an 2 Tagen die Chance, in die außergewöhnliche Küche des Markus Holzer einzutauchen. Jeder kocht aktiv mit und die gemeinsamen Mahlzeiten sind ein ganz besonderes Erlebnis.

Daten und Preise finden Sie auf der Jora Mountain Dining Webseite.
www.jora.it oder www.mountain-dining.com

jede woche im jora mountain dining:

pastaabend mit dessertbuffet

Pastagerichte erfreuen sich allseits großer Beliebtheit. Die hausgemachten Nudeln, werden von den Gästen immer sehr gerne genossen.

Daraus wurde die Idee geboren, an einem Abend ein Menü ausschließlich aus hausgemachten Teigwaren zu servieren.
Ein Potpourri aus 6 verschiedenen Pastagerichten.
Als krönenden Abschluss, gibt es das Dessertbuffet, aus ebenfalls 6 verschiedenen hausgemachten Süßspeisen.

mountain dining gourmetabend

An jedem Samstag, zaubert Küchenchef Markus, ein 6-gängiges (oder 4-gängiges) Menü für Feinschmecker.

Passend dazu, werden auf Wunsch auch die korrespondierenden Weine kredenzt. Die Menüfolge ändert sich natürlich laufend und zu jeder Jahreszeit werden andere Schwerpunkte gesetzt.

Rufen Sie gleich in der Jora Mountain Dining Hütte an und lassen Sie sich Ihren Tisch reservieren.
(0039) 340 15 24 024 oder info@jora.it

GLOSSAR

nach **stichworten**

Impressum

Verlag: „Jora“ Verlag, Holzer Anton OHG, Alter Markt 6, I-39038 Innichen
1. Auflage 2013
Texte, Rezepte und Redaktion: Markus Holzer
Fotografie: Armin Huber
Grafik: Kreativwerkstatt Longo | Florian Flunger | Claudia Gamper
Druck: Longo AG | J. Kravogl Str. 7 | I-39100 Bozen | Südtirol, Italien

ISBN Nr. 978-88-908977-0-2